Je **ne dors pas** et pourtant j'ai **tout essayé**

Marie-Noëlle Maston

Je **ne dors pas** et pourtant j'ai **tout essayé**

Albin Michel

Ouvrage présenté par Patrice Van Eersel

Avertissement

Pour des raisons de confidentialité, les noms des patients et certaines informations ont été modifiés.

Sommaire

Introduction 9

Comment tout a commencé 13

À la découverte du sommeil 23

Les troubles du sommeil 35

Ce que nous apprend la psychanalyse 79

Ce que nous apprend la psychologie transgénérationnelle 119

Des outils pour analyser vos troubles du sommeil 163

Des solutions pour retrouver le sommeil 189

Conclusion 223

Bibliographie 225

Sites internet pour recherches généalogiques 227

Remerciements 229

Introduction

Il y a longtemps que j'envisage d'écrire sur les troubles du sommeil. Depuis près de trente ans, en tant que psychologue psychothérapeute, je reçois des patients qui consultent pour cette raison précise.

Beaucoup d'entre eux n'ont jamais bien dormi et ont pourtant tout essayé : somnifères, psychothérapie, acupuncture, homéopathie, relaxation, sophrologie, yoga, changement d'alimentation, de literie, voire de domicile. Certains médecins en sont même venus à penser que leur cas relevait peut-être de la psychiatrie…

Pour toutes ces personnes, ne pas dormir implique une vie en souffrance :

– des nuits passées à attendre anxieusement de trouver le sommeil, à craindre la journée à venir qui sera placée sous le signe de l'épuisement, de l'énervement, de la lourdeur, de l'angoisse de ne pas arriver au bout tellement on est fatigué ; l'impression de survivre, et non pas de vivre ;

– les problèmes de santé physique et mentale que peut provoquer le manque de sommeil : accidents cardiaques, obésité, troubles cardio-vasculaires, troubles de la digestion ; de la mémoire, de la concentration, de l'attention ; somnolence ; troubles de l'humeur (irritabilité, déprime…).

C'est grâce aux apports de la psychanalyse et de la psychologie transgénérationnelle que j'ai découvert que, la plupart du temps, les causes des troubles du sommeil étaient inconscientes, qu'il s'agissait d'angoisses bien particulières. C'est pourquoi je présenterai ces deux champs de recherche passionnants afin d'expliquer en quoi leur contribution est majeure dans la compréhension des troubles du sommeil.

Pour cerner les causes inconscientes des troubles du sommeil, il faut également recueillir le maximum d'informations sur le patient. À cet effet, j'utilise le génosociogramme[1] et le bilan Fondations de vie[2], deux outils essentiels que vous découvrirez dans ce livre (p. 167 et p. 177). Puis, une fois la cause identifiée, j'ai recours à différentes techniques, dont la psychothérapie et l'haptopsychothérapie (p. 191).

Mais vous pouvez travailler chez vous, grâce aux outils présentés dans cet ouvrage :
– un questionnaire du sommeil (p. 75);
– le génosociogramme de votre famille;
– votre bilan Fondations de vie.

Les informations recueillies vous permettront de mieux comprendre les causes de vos insomnies et de choisir l'option la plus adaptée parmi celles que je propose dans ce livre.

À l'heure où certains psychotropes, somnifères et tranquillisants sont remis en cause – de nombreuses recherches démontrant leurs effets délétères, notamment en ce qui concerne le risque accru de démence sénile, s'ils sont utilisés à long terme – il est grand temps de trouver

1. C'est un arbre généalogique adapté à l'étude psychogénéalogique de l'histoire d'une famille. Il s'agit d'un outil créé par Anne Ancelin Schützenberger, la fondatrice de la psychogénéalogie (aussi nommée « psychologie transgénérationnelle », expression que j'utiliserai dans ce livre).
2. Que j'ai créé et dont les précédentes versions apparaissent dans mes autres ouvrages sous le nom de « Projet Sens ».

d'autres solutions aux troubles du sommeil, et de déterminer leurs véritables causes.

J'ai choisi d'écrire un ouvrage synthétique, illustré par de nombreux cas, afin qu'il soit accessible et lu par un grand nombre de personnes concernées par les troubles du sommeil. J'ai fait en sorte de les présenter simplement, puisque, on le sait, « ce qui se conçoit bien s'énonce clairement ». Ce livre est destiné autant au grand public qu'aux thérapeutes, pour leur permettre de mieux comprendre et d'explorer l'origine des insomnies et d'autres troubles du sommeil chroniques et de les résoudre.

Je dédie ce livre aux patients qui ont retrouvé le sommeil et qui m'ont aidée à approfondir la compréhension de leurs troubles. Je tiens également à préciser que cette découverte me remplit de joie. En effet, quoi de plus merveilleux que de voir une personne qui a passé une bonne partie de sa vie à mal dormir se mettre à bien dormir, durablement, d'un jour à l'autre ? Oui, d'un jour à l'autre, vous ne rêvez pas !

Comment tout a commencé

Au début des années 2000, j'exerçais en tant que psychothérapeute, en libéral, dans le sud de la France. Mes patients, envoyés par leur médecin ou par des connaissances, venaient consulter pour des raisons très diverses. Jusqu'au jour où, à quelques mois d'intervalle, j'ai reçu Jean-Michel et Clara. Ce sont leurs histoires, étonnantes, qui m'ont poussée à m'intéresser aux causes inconscientes des troubles du sommeil. Les voici.

Jean-Michel, une vie sans sommeil

Jean-Michel est âgé de 53 ans lorsqu'il accepte de prendre rendez-vous, fortement poussé par sa femme et ses enfants qui s'inquiètent pour sa santé. En effet, il dort mal, très mal, il a toujours mal dormi et avec l'âge la situation empire. Jean-Michel est victime d'une insomnie chronique et sévère puisqu'il ne dort en moyenne qu'une heure et demie par nuit ; et encore, grâce à de la relaxation et à la prise d'un somnifère. Il reste néanmoins allongé pendant cinq heures au minimum, pour mettre son corps au repos, et c'est ainsi qu'il tient depuis presque toujours.

Avec les années, les nuits blanches de plus en plus nombreuses deviennent un véritable problème et ce qu'il a pu supporter pratiquement toute sa vie représente aujourd'hui un risque réel pour sa santé physique et mentale. Il a déjà été hospitalisé et les neuropsychiatres ont pu constater qu'il dormait effectivement entre une et deux heures par nuit. Il fait d'ailleurs l'objet d'une étude sur les troubles du sommeil sévères et il est prévu qu'il soit hospitalisé pendant trois semaines afin que les médecins étudient son cas de plus près. Mais avant cela, Jean-Michel vient me consulter pour faire plaisir à son entourage, sans réellement croire au bien-fondé de sa démarche. Lorsque je lui demande depuis quand il ne dort pas, il répond : « Même bébé je ne dormais pas. »

Jean-Michel est le dernier enfant d'une famille de trois ; il a deux sœurs aînées. Il décrit ses parents comme des bourgeois mondains et peu affectueux. À sa naissance, il a été confié, à l'instar de ses sœurs, à une nounou ; on dit « gouvernante » dans son milieu. Comme cette « Nanou » avait déjà élevé son père et n'avait pas eu d'enfants, elle a tout naturellement continué au service de la famille. Les parents de Jean-Michel s'accommodaient bien de la présence de Nanou à laquelle ils pouvaient déléguer l'intendance et l'éducation de leurs enfants. C'était une femme chaleureuse et serviable. Nanou (Jean-Michel évoque sa nounou les larmes aux yeux) était donc le pilier sur lequel reposait l'équilibre familial, jusqu'au jour où un conflit a éclaté entre la gouvernante et la mère de Jean-Michel, qu'il décrit comme autoritaire et dure. Nanou, n'en pouvant plus, décida subitement de prendre sa retraite et de repartir dans sa famille à l'autre bout de la France.

Jean-Michel était alors âgé de 15 mois et, après plusieurs tentatives pour trouver la « perle » capable de remplacer Nanou, sa mère renonça et expédia ses trois enfants en pension. Il avait alors 2 ans à peine (si curieux que cela puisse paraître, il existait des pensions qui accueillaient les enfants à partir de cet âge). Cette structure appelée « jardin d'enfants » faisait partie d'un internat dans lequel il resta jusqu'à l'âge de 17 ans. Comme les internats n'étaient pas mixtes, il était séparé de ses sœurs. Il ne retournait chez ses parents qu'aux vacances scolaires. Personne n'a jamais demandé à Jean-Michel pourquoi il ne dormait pas depuis ses 2 ans. Pourtant, lorsque je l'interroge, il me répond clairement que c'est depuis la pension. Il se souvient des longues nuits sans sommeil. Dès le jardin d'enfants il dormait mal et pleurait beaucoup, mais personne ne venait le consoler. Il était dans un internat tenu par des jésuites, où il n'était pas question de se préoccuper des émotions et des états d'âme, seuls le salut divin et la prière étaient importants. Il évoque aussi les nuits dans le grand dortoir de quarante lits, à partir de ses 5 ans, des nuits interminables et angoissantes.

Sa mère a toujours affirmé qu'avant la pension il était pénible et ne la laissait pas dormir, du moins à partir du départ de Nanou, puisqu'avant elle ne s'occupait pas de lui la nuit. Il est très probable que les insomnies de Jean-Michel aient commencé après le départ précipité de sa nurse. C'est du moins ce qu'ont affirmé ses sœurs, qui ont elles aussi souffert de cette rupture brutale du lien avec cette nounou qui leur prodiguait soins et tendresse, les consolait et les nourrissait de mets préparés avec amour.

Si curieux que cela puisse paraître, personne n'a fait le lien entre cette séparation précoce, le placement prématuré en pension et les insomnies de Jean-Michel. Pourtant, dès que nous abordons son histoire, il ressent une vive émotion et fond en larmes. Il semble alors évident que les deux abandons consécutifs subis par Jean-Michel l'ont laissé sur le qui-vive. Car ne pas dormir équivaut pour lui à ne pas s'abandonner dans le sommeil au risque d'être à nouveau abandonné.

Pour le psychisme cela signifie risquer de mourir, être abandonné renvoie à la mort, parce que si un bébé est abandonné, ne serait-ce que quelques heures, sans personne pour prendre soin de lui, il risque de mourir. Comme nous le verrons, pour notre inconscient, « dormir c'est mourir » (p. 95).

Cela fait donc cinquante-deux ans que Jean-Michel dort très mal, qu'il a peur et qu'il colmate sa peur de son mieux en travaillant beaucoup, en étant un bon mari, un bon père, en prenant sur lui. Aucun médecin (il a très certainement choisi des spécialistes qui se cantonnaient à l'aspect purement physique du sommeil) ne lui a posé cette question si simple : « Que s'est-il passé à l'âge où vous avez commencé à ne pas dormir ? » Il est probable que Jean-Michel n'avait pas envie de l'entendre non plus, puisqu'il avait comblé de son mieux la profonde brèche de souffrance qui s'était ouverte après le départ de Nanou, et surtout lors de son placement en pension.

Ce sont les circonstances actuelles, son équilibre précaire fragilisé avec l'âge, qui l'ont contraint à retrouver cette souffrance enfouie depuis plus d'un demi-siècle. Un demi-siècle à ne pas dormir, à se demander chaque soir comment allait se passer la nuit, à considérer comme une victoire la demi-heure supplémentaire gagnée grâce à un nouveau somnifère ou une nouvelle technique de relaxation... L'être humain est capable de s'adapter à des situations extrêmes et ce fut bien le cas de Jean-Michel tout au long de ces années. Sa souffrance, apparemment enfouie, n'en était pas moins à fleur de peau, puisqu'il a suffi d'évoquer son histoire familiale et sa petite enfance pour qu'elle émerge.

Il est courant que l'on referme une blessure affective sans qu'elle ait vraiment cicatrisé, cela permet de survivre sans s'effondrer. Jean-Michel a fait en sorte de s'adapter à l'angoisse d'abandon, en refoulant sa souffrance, son vécu abandonnique ; c'est une stratégie de survie. Certaines blessures affectives peuvent cicatriser avec le temps, d'autres restent ouvertes, enfouies au fond de l'être, générant un mal-être diffus et des symptômes tels que l'insomnie de Jean-Michel.

À ma grande surprise, une seule séance d'haptonomie[1] (qui est pour moi la technique la mieux adaptée pour pallier le vécu abandonnique et la carence affective) suffit. Au cours de cette séance nous rencontrons le petit Jean-Michel en lui, celui de 15 mois, celui de 2 ans. Nous l'accueillons, nous mettons des mots sur ce qui s'est passé, et surtout il ressent et comprend que plus jamais il ne sera abandonné. Le Jean-Michel adulte peut enfin se détendre, lâcher prise et ressentir un sentiment de sécurité qu'il n'a très certainement jamais éprouvé depuis le départ de sa nurse. Jean-Michel s'assoupit au cours de la séance, et j'ai la sensation d'avoir endormi un bébé. Il suffit d'un quart d'heure de sommeil en toute sécurité pour qu'il n'ait plus à rester vigilant de jour comme de nuit et qu'il accède à son propre sentiment de sécurité de base. Le lendemain, il m'appelle pour m'annoncer qu'il a dormi huit heures d'affilée, et qu'il a l'impression d'avoir « la gueule de bois » (les neurotransmetteurs sécrétés au cours du sommeil ont certainement bousculé son métabolisme). Les nuits suivantes, il continue à bien dormir, et cette sensation d'« être vaseux » s'estompe au bout d'une quinzaine de jours.

1. Voir p. 192.

Depuis, il dort.

Plus besoin d'hospitalisation, de médicaments, il se sent enfin libre de vivre et de dormir. Nous nous sommes revus pour consolider cet acquis et pour que Jean-Michel ait le recul nécessaire pour comprendre l'histoire familiale placée sous le sceau de la carence affective depuis plusieurs générations. Chaque année, à la date anniversaire de la fin de son insomnie, Jean-Michel m'appelle pour me dire qu'il dort bien ; c'est devenu une sorte de rituel entre nous.

Cette « guérison » si soudaine m'a étonnée, émerveillée mais aussi interpellée. J'ai réalisé combien l'être humain était à la fois fragile et fort. Combien un mécanisme de protection vis-à-vis de la souffrance pouvait perturber toute une vie, et qu'il suffisait parfois de retirer le grain de sable pour qu'une personne puisse enfin vivre et non plus survivre. Jean-Michel m'a permis de confirmer à quel point l'attachement sécure[2] et la sécurité de base étaient fondamentaux (ces concepts sont développés p. 97), car ils instaurent des fondations plus ou moins solides.

Comme nous le verrons par la suite, les difficultés rencontrées par certaines personnes d'une famille peuvent avoir des répercussions sur les générations suivantes. C'est ce qu'explique la psychologie transgénérationnelle (p. 119) et ce que montre l'exemple de Clara.

Clara et les fantômes de la Shoah

Clara est une jolie jeune femme d'une trentaine d'années, élégante et raffinée. Elle est cadre supérieur dans une grande entreprise après avoir suivi un cursus prestigieux (Sciences po, puis HEC). Clara est mariée depuis cinq ans, elle est heureuse en couple et maman d'une petite fille âgée de 6 mois. Elle vient sur les conseils d'une amie, car, malgré une longue cure psychanalytique et après avoir essayé plusieurs médecines douces,

2. On parle d'attachement « sécure » lorsque le bébé sait qu'il peut compter sur son parent (en général sa mère) lorsqu'il en a besoin (tendresse, consolation, soins, etc.).

elle dort très mal (tout au plus trois à quatre heures par nuit) et elle n'en peut plus. D'autant que depuis la naissance du bébé, elle récupère moins bien.

Son histoire familiale est assez classique : milieu bourgeois, famille unie, vacances d'été dans la maison de famille où plusieurs générations se retrouvaient, bref, une enfance on ne peut plus agréable et normale. Elle m'explique qu'elle a bien dormi jusqu'à l'âge de 13 ans : «À partir de 13 ans, j'ai commencé à être très angoissée, surtout au moment d'aller me coucher, et je n'ai plus jamais bien dormi : difficulté à trouver le sommeil, nuits entrecoupées de réveils stressants, cauchemars... Mes parents ont d'abord cru que ça venait de la puberté, puis ils ont essayé plein de solutions, rien n'y a fait.»

Nous explorons ensemble son histoire, celle de sa famille : tout semble lisse et ordonné, une enfance et une famille sans histoires. Je lui demande s'il n'y aurait pas eu une ou des morts inadmissibles (enfants ou adultes morts trop jeunes) dans sa lignée. Elle a beau chercher, elle me répond qu'à sa connaissance ses ascendants et les membres de sa famille sont morts de leur belle mort. J'évoque également l'éventualité d'une séparation précoce, d'une hospitalisation, d'un vécu d'abandon au cours de sa petite enfance, voire de celle de ses parents. Là non plus, elle ne trouve aucune piste. Sa mère s'est toujours occupée d'elle, et ses parents n'ont pas, à sa connaissance, subi de séparations traumatiques au cours de leur petite enfance.

Je pressens alors que cette famille lisse et sans histoires doit très certainement, comme la plupart, occulter des secrets, et j'en reste sur ce questionnement. Lorsque Clara libelle le chèque pour me payer, elle m'explique que, bien que mariée depuis cinq ans, elle a conservé son nom de jeune fille et que sa famille est originaire d'Europe de l'Est. Le nom que je lis sur le chèque me renvoie à une origine ashkénaze (juifs d'Europe de l'Est), ce qu'elle confirme. Et bien entendu, je ne peux hélas que lui demander ce qui s'est passé dans la lignée au cours de la Seconde Guerre mondiale. Et Clara s'exclame : «Ah oui, vu comme ça bien sûr ! Une partie de ma famille a été déportée et n'est jamais revenue, mais c'était il y a longtemps et on n'en parle plus, je suis au courant, sans plus.»

Les parents de Clara sont nés après guerre et leurs propres parents ont choisi de vivre, après cette tragédie indicible qu'a été la déportation de leurs proches (oncles, tantes, cousins, cousines). Les grands-parents paternels de Clara ont dû leur survie à ce qu'ils sont très vite partis avec leur famille en zone libre, puis aux États-Unis, jusqu'à la fin de la guerre. À leur retour, ils étaient les seuls à avoir survécu à l'Holocauste. On peut imaginer leur détresse et très probablement le sentiment de culpabilité d'avoir survécu à cette horreur. Ils ont donc choisi de ne plus en parler, sans pour autant occulter la vérité. Ils en ont très peu parlé à leurs enfants, sans vraiment ouvrir leur cœur, en choisissant de refermer cette blessure. Ils ont consacré leur existence à construire une belle vie à leur famille et y sont parvenus. Ainsi, cette famille lisse avait elle aussi ses failles, et quelles failles ! Des abîmes de souffrance et de tristesse que les grands-parents de Clara avaient colmatés de leur mieux.

Je demande alors à Clara de retrouver les noms, l'histoire de ces disparus et si possible les dates de leur disparition, de leur naissance, etc. Elle a bien du mal à adhérer à ma démarche. « À quoi bon remuer ce passé, ils nous ont épargnés et je ne veux pas leur faire du mal. » Je lui suggère de chercher ces informations auprès du mémorial de la Shoah. « Si vous pensez que ça peut m'aider à dormir, je veux bien, mais vraiment c'est pour me dire que j'aurai vraiment tout essayé pour dormir. » Clara revient deux semaines plus tard, visiblement bouleversée : « Eh bien, je ne m'attendais pas à cette confrontation au réel, ce que j'ai trouvé m'a anéantie, je comprends pourquoi ils nous ont protégés, c'est trop dur ! » En effet, onze membres de la famille de Clara, des frères et sœurs de ses arrière-grands-parents et leurs enfants, sont morts en déportation. « Je ne savais pas que c'était si près de moi, si facilement accessible, j'avais l'impression que ces histoires étaient dans les limbes, très loin de ma réalité, et il m'a fallu quelques minutes pour que tous ces disparus, morts sans sépultures m'apparaissent, je suis sous le choc. »

L'étude minutieuse de ces données précieuses a révélé que Clara était « reliée » à Rebecca, une cousine de sa grand-mère (c'est-à-dire qu'elle avait la même date de naissance que cette jeune fille).

Rebecca était donc la cousine germaine d'Anna, la grand-mère paternelle de Clara, mais plus qu'une cousine c'était plutôt une sœur, puisque les deux petites filles avaient pratiquement le même âge et avaient grandi dans le même immeuble. Et c'est là que la réalité dépasse parfois la fiction, Rebecca a été déportée avec les siens à l'âge de 13 ans ! Et bien sûr nous pouvons faire le lien entre l'âge de Rebecca lors de sa déportation et l'âge auquel Clara a cessé de dormir.

Il a fallu un certain temps d'élaboration pour que Clara puisse écrire une lettre d'adieu à la cousine de sa grand-mère, se recueillir au mémorial de la Shoah, et faire le deuil de Rebecca et des dix autres membres de sa famille disparus dans l'horreur indicible que fut l'Holocauste.

Quatre séances d'haptopsychothérapie lui permirent de percevoir qu'elle était bien vivante, en ressentant sa corporalité animée. Cette expérience est l'une des composantes essentielles de l'haptonomie (p. 192), elle permet de se sentir exister dans toute sa corporalité, de se sentir bien vivant, et d'éprouver un sentiment de sécurité de base. Clara a donc retrouvé ce sentiment d'être bien vivante, en toute sécurité, qu'elle avait déjà connu avant ses 13 ans, et qu'elle avait perdu à partir de cet âge fatidique.

Depuis, Clara dort bien.

À la dernière séance, elle m'a dit combien elle était étonnée que ce fût si simple de retrouver le sommeil et a déploré que cette approche des troubles du sommeil soit méconnue. Elle a conclu cette dernière séance en me disant avec un grand sourire : « Vous devriez écrire un livre pour les autres insomniaques, je suis sûre que ce sera un best-seller ! ». Merci du conseil, Clara ! C'est maintenant chose faite.

C'est à partir des thérapies de Jean-Michel et Clara que je me suis spécialisée dans la prise en charge des troubles du sommeil. Leur « guérison » m'a amenée à réfléchir sur les causes des troubles du sommeil et à élaborer une méthode grâce à laquelle de nombreux patients, enfants et adultes, peuvent retrouver un sommeil profond et réparateur en quelques séances.

Depuis, j'ai maintes fois pu constater qu'à l'origine de ces troubles se trouvaient généralement une défaillance dans la construction du sentiment de sécurité du jeune enfant, des angoisses de mort ou encore des deuils inachevés. C'est mon expérience de près de quinze ans sur les troubles du sommeil et leurs solutions que je vais maintenant partager avec vous.

À la découverte
du sommeil

Pendant très longtemps, le sommeil est resté mystérieux. Or, depuis quelques décennies, il fait l'objet de nombreuses études et on en connaît enfin les mécanismes, notamment l'existence de différents stades.

Les stades
du sommeil

Le sommeil est une succession de cycles (cinq par nuit en moyenne) qui se divisent en cinq stades.

Chaque cycle commence par le sommeil lent et se termine par le sommeil paradoxal :
– stades 1 et 2 : sommeil lent et très léger ;
– stades 3 et 4 : sommeil lent profond ;
– stade 5 : sommeil paradoxal.

> Le sommeil lent très léger de stade 1

C'est l'endormissement ou la somnolence. Les paupières se ferment, les pupilles rétrécissent, le rythme de la respiration ralentit de même que la fréquence cardiaque, le tonus musculaire se relâche progressivement et la température corporelle baisse : c'est le passage de l'état de vigilance à celui de sommeil. Ce stade représente 5 à 10 % du temps de sommeil total. Cette phase dure environ 10 minutes.

> Le sommeil lent léger de stade 2

L'activité cérébrale ralentit mais le dormeur est encore sensible aux stimuli extérieurs. Même si le tonus musculaire est relâché, il n'est pas complètement immobile, car dans les stades 1 et 2 l'activité musculaire persiste. Cette phase du sommeil dure environ 20 minutes.

> Le sommeil lent profond de stade 3

C'est le stade où le sommeil est le plus profond. La quasi-totalité du cerveau est inactivée, il est parcouru par des ondes très lentes. La respiration ralentit et la température corporelle continue à baisser. Une légère activité musculaire persiste, mais il est difficile de réveiller le dormeur. Ce stade du sommeil dure environ 30 minutes.

Les stades 2 et 3 représentent 50 % du temps de sommeil total.

> Le sommeil lent profond de stade 4

Au cours de ce stade, où le sommeil est le plus profond, l'activité cérébrale déjà très faible ralentit encore. Les fonctions vitales, le pouls et le rythme respiratoire s'affaiblissent. Le tonus musculaire est relâché. Ce stade de sommeil est essentiel pour régénérer le corps et le système nerveux. Il correspond à 15 à 20 % du temps de sommeil total. Cette phase du sommeil dure environ 40 minutes.

> Le sommeil paradoxal de stade 5

Le tonus musculaire est aboli. Les mouvements des yeux sont très nombreux et le cerveau connaît une activité intense. C'est au cours de ce stade que les rêves sont les plus fréquents. La durée du sommeil paradoxal évolue au cours de la nuit : il ne représente que 15 minutes par cycle au début de la nuit, alors qu'il atteint 30 minutes en fin de nuit. La température corporelle remonte progressivement à partir de 3 heures du matin. Ce stade correspond à 25 % du temps de sommeil total.

Chaque cycle de sommeil, comprenant les cinq stades, dure environ 90 minutes. Une nuit comprend entre 4 et 6 cycles selon les besoins de sommeil de chacun. On peut représenter ces stades sous forme de wagons formant le « train » du sommeil. Si on néglige les signaux d'endormissement (bâillements, tête et paupières lourdes, impression de « piquer du nez », picotements des yeux, engourdissement du corps, sensation de frilosité[1]), on peut alors rater le train du sommeil.

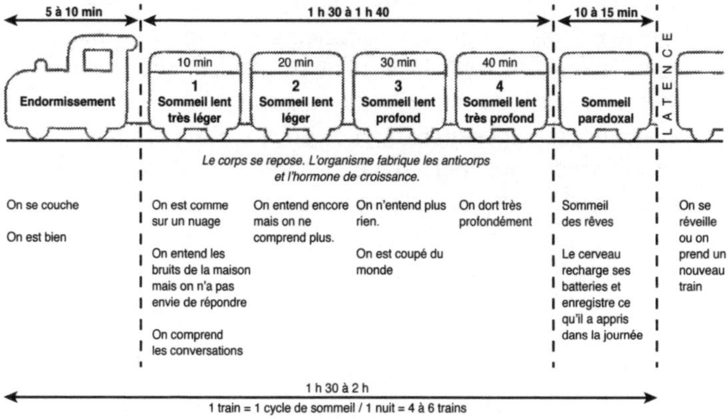

Si on ne se couche pas au moment du passage de la locomotive d'endormissement, on risque fort de ne pas s'endormir avant le cycle suivant, soit en moyenne 1 h 30 à 2 h. C'est aussi la durée moyenne d'une insomnie.

Le temps de sommeil varie, il est en moyenne de 7 à 8 heures. Certains individus qualifiés de « petits dormeurs » ont besoin de moins de 6 heures de sommeil, alors que les « gros dormeurs » ont besoin de dormir 9 heures et parfois plus.

1. M. Freud, *Se réconcilier avec le sommeil*, Albin Michel, 2013, p. 118.

LES RÊVES

Comme l'indique *Le Petit Robert*[2], le rêve est « une suite de phénomènes psychiques se produisant pendant le sommeil (images, représentations, activité automatique excluant généralement la volonté) ». Les rêves surgissent en général dans la phase de sommeil paradoxal. Même si on a découvert que l'on peut rêver également pendant la phase de sommeil lent.

Dans toutes les cultures, notamment celles porteuses de traditions chamaniques, le rêve revêt un sens symbolique particulier. Dans la culture occidentale, depuis l'Antiquité, les rêves sont, par leurs messages symboliques, les missionnaires des dieux. On ne compte plus les dictionnaires des rêves tant ceux-ci sont chargés de sens. Plus récemment, au début du xxe siècle, c'est Sigmund Freud[3] qui fonde la psychanalyse sur l'interprétation des rêves. D'après lui, le rêve traduit les conflits inconscients, il est la « voie royale vers l'inconscient ». Même si on ne se souvient pas de ses rêves, on sait que l'on rêve toutes les nuits. Des expériences (malheureuses, puisqu'il s'agit de privations de sommeil infligées à des prisonniers) ont démontré que si l'on empêche un être humain de rêver, il risque de basculer dans la folie[4].

Le rêve est un instrument puissant au service de notre psychisme : il permet d'intégrer, de digérer les informations acquises et les expériences vécues pendant la journée. Quant aux cauchemars, ce sont tout simplement des « mauvais rêves », des rêves dans lesquels les conflits, les peurs émergent sans filtre lorsqu'ils sont trop importants et ne peuvent pas être symbolisés. Lorsqu'ils sont récurrents, les cauchemars traduisent un mal-être intense, un conflit, une angoisse ou une peur récente.

2. *Le Petit Robert* 2012, p. 2239.

3. S. Freud, *L'Interprétation des rêves*, 1900.

4. Dr Jean-Louis Valatx, *Médecine et hygiène*, 1988. La privation systématique de sommeil peut provoquer chez des personnes fragiles des syndromes psychotiques. Cette torture était déjà pratiquée par les Romains et continue de l'être de nos jours.

Le sommeil, protecteur du cerveau

Le sommeil joue un rôle fondamental sur le fonctionnement du cerveau. Des chercheurs ont pu constater qu'après une nuit blanche, si l'activité cérébrale est quasi normale, elle est néanmoins entrecoupée de fortes chutes de l'attention et de troubles de la vision. Durant ces courtes absences, l'activité des régions frontales et pariétales se réduit et le cerveau entre alors dans un état proche du sommeil. C'est pour cette raison que l'on qualifie souvent le sommeil de « réparateur », car il restaure des circuits cérébraux, des émotions, et prépare aux défis du lendemain et aux interactions sociales[1].

> Le cerveau des émotions

La neurophysiologie du sommeil est un domaine passionnant susceptible à lui seul de faire l'objet de plusieurs ouvrages. C'est pourquoi ici je me contenterai de décrire un des acteurs majeurs du sommeil : le cerveau limbique.

Depuis les prémices de la neurophysiologie du sommeil, dans les années 1930, on connaît le rôle prépondérant joué par le cerveau limbique (cerveau des émotions et de la mémoire émotionnelle). Au cours du sommeil paradoxal

1. Colloque de l'association *Art Science Pensée*, « Art Existence Cerveau », septembre 2013.

(stade 5), lors des phases oniriques, on note une activation du système limbique, alors que le néocortex (cerveau rationnel) n'a qu'une très faible activité. Ceci explique le contenu illogique des rêves.

Le cerveau limbique, cerveau des émotions

Le système limbique est un regroupement de structures fortement impliquées dans les émotions. L'une d'elles est particulièrement active pendant le sommeil : l'amygdale. L'amygdale du cerveau (à ne pas confondre avec celles qui se trouvent au fond de la bouche) est un centre essentiel de gestion des émotions positives ou négatives, et notamment des peurs. Cette petite structure, située au cœur du cerveau limbique, est décisive pour le développement de tout être humain. Comme l'a précisé Boris Cyrulnik[2], elle sera hypertrophiée si une personne a vécu une gestation stressante, ou si elle n'a pas eu la chance d'être accueillie dans des conditions favorables à sa naissance, à savoir par une mère ou une figure maternelle (une personne exerçant les fonctions de la mère si celle-ci n'est pas disponible) rendant possibles un attachement sécure[3] et l'instauration d'un sentiment de sécurité de base. Cette hypertrophie de l'amygdale induit une réactivité émotionnelle exacerbée face au moindre stress.

Or comme cette structure joue un rôle essentiel dans le sommeil, on peut comprendre pourquoi des traces mnésiques (des restes de souvenirs) remontant à la vie intra-utérine ou à la petite enfance sont susceptibles d'empêcher ou d'inhiber le sommeil, le sujet devant rester sur le qui-vive. Comme nous le verrons dans le chapitre

2. Colloque « Art Existence Cerveau » de l'association Art Science Pensée (Mouans-Sartoux, septembre 2013).
3. On parle d'attachement « sécure » lorsque le bébé sait qu'il peut compter sur son parent lorsqu'il en a besoin (tendresse, consolation, soins, etc.).

sur la psychologie transgénérationnelle (p. 119) et à partir des travaux sur l'épigénétique (p. 159), le stress générant l'hypertrophie de l'amygdale peut se perpétuer sur plusieurs générations.

Ce lien entre cerveau limbique et sommeil, d'une part, et mémoire affective, d'autre part, vient compléter la compréhension psychologique des troubles du sommeil en l'étayant sur des données neurophysiologiques. Car nous sommes constitués, comme le formule si bien Boris Cyrulnik, « de chair et d'âme[4] ».

4. Boris Cyrulnik, *De chair et d'âme*, Odile Jacob, 2006.

Les troubles
du sommeil

La classification internationale des troubles du sommeil[1] décrit huit grandes catégories de troubles du sommeil.

1. Les insomnies.
2. Les troubles du sommeil en relation avec la respiration, comme les syndromes d'apnées du sommeil.
3. Les hypersomnies, comme la narcolepsie.
4. Les troubles du rythme circadien du sommeil, c'est-à-dire les troubles de retard ou d'avance de phase, le rythme veille/sommeil irrégulier, le *jet lag*, ou encore les problèmes dus au travail en horaires décalés.
5. Les parasomnies telles que les terreurs nocturnes, les cauchemars, l'éveil confusionnel, le somnambulisme, l'énurésie.
6. Les mouvements en relation avec le sommeil, comme le syndrome des jambes sans repos, les crampes, le bruxisme (grincement de dents), etc.
7. Les troubles du sommeil associés à des pathologies comme l'épilepsie du sommeil, les céphalées du sommeil, la fibromyalgie, le reflux gastro-œsophagien du sommeil, la transpiration excessive, etc.
8. Les troubles du sommeil associés à des troubles psychiques (troubles de l'humeur, psychoses...).

1. International Classification of Sleep Disorders, établie par l'American Academy of Sleep Medecine.

Dans cet ouvrage, je présenterai les troubles auxquels je suis confrontée dans ma pratique de psychothérapeute : les terreurs nocturnes, les cauchemars, les insomnies et les hypersomnies légères.

Les terreurs nocturnes

Une crise de terreur nocturne a ceci de particulier que, bien que l'enfant soit endormi, il a les yeux ouverts, il crie, pleure, gémit ; il bouge parfois violemment, comme s'il se débattait. Il regarde fixement devant lui, comme s'il ne voyait pas ses parents. Il respire en haletant, transpire beaucoup et son pouls s'accélère. Il semble effrayé par ce qu'il voit. Une fois la crise passée (elle peut durer jusqu'à 15 minutes), il se recouche et continue à dormir. Le lendemain, il ne se souvient de rien (puisqu'il dormait pendant la crise), alors que ses parents sont très impressionnés de l'avoir vu dans un tel état de terreur.

Les terreurs nocturnes touchent environ 6 % des enfants, âgés en général de 6 mois à 7 ans ; elles sont plus fréquentes entre 2 et 4 ans, cette période étant également la période des cauchemars récurrents et des peurs archaïques (p. 57).

Une crise de terreur nocturne survient généralement lorsque l'enfant est fatigué, par exemple parce qu'il n'a pas fait la sieste, ou que son rythme de sommeil est décalé (coucher tardif, etc.). Elle se produit le plus souvent au début de la nuit, environ deux heures après l'endormissement. Elle peut être aussi due à une peur éprouvée ou une situation anxiogène vécue au cours de la journée. Si cette crise est ponctuelle, on peut la considérer comme « normale », à l'instar d'un cauchemar. Par contre, si les terreurs nocturnes se répètent, votre enfant souffre peut-être d'une angoisse d'abandon conjuguée à une angoisse de mort (comme l'illustre le cas de la petite Loriane, p. 91).

> Comment réagir lorsque votre enfant fait une terreur nocturne ?

Il est conseillé de rester calme, de le caresser et de lui parler doucement pour le rassurer. Vous pouvez également lui chanter sa berceuse préférée. S'il ne réagit pas à votre présence, vous n'avez plus qu'à attendre que la terreur passe, tout en surveillant qu'il ne se blesse pas, jusqu'à ce qu'il se recouche. Il ne faut en aucun cas le réveiller car il ne comprendrait pas ce qui lui arrive. Comme l'expliquent Christine Brunet et Anne-Cécile Sarfati, « cela le plongerait dans un état de confusion désagréable et ne ferait qu'aggraver l'intensité et la durée des troubles. Inutile de reparler à l'enfant de cet épisode le lendemain, cela pourrait l'inquiéter davantage. Contentez-vous – notamment si la terreur s'est déclenchée chez une grand-mère qui en parle de façon dramatique le lendemain – d'expliquer à l'enfant : "Cette nuit, tu n'as pas bien dormi, tu n'y es pour rien, tu as eu un sursaut, une crampe dans ton sommeil, cela peut arriver à tout le monde"[1] ».

1. C. Brunet, A.-C. Sarfati, *Petits tracas et gros soucis de 1 à 7 ans, quoi dire, quoi faire*, Albin Michel, 2002, p. 107.

TERREURS NOCTURNES CHEZ L'ADOLESCENT ET CHEZ L'ADULTE

Elles concernent environ 2 % de la population. Elles sont inquiétantes pour l'entourage, du fait de leur violence. De plus, il est plus difficile de contenir un adolescent ou un adulte qui se débat. La personne qui vit une terreur nocturne peut même être dangereuse pour ses proches : certains conjoints se retrouvent brusquement éjectés du lit, prennent des coups de pied, etc. Ces crises surviennent en général par périodes et résultent d'un stress important. Elles peuvent aussi être causées par l'abus d'alcool, la prise de somnifères, le manque de sommeil, la fièvre, des apnées du sommeil. Elles durent environ vingt minutes, qui peuvent sembler une éternité à celui ou celle qui y assiste, impuissant. À son réveil, la personne ne se souvient de rien, et a même du mal à croire ce que l'entourage lui décrit. Si elles ont tendance à se répéter, ces crises traduisent généralement une anxiété massive, et il est conseillé de consulter un spécialiste (psychiatre ou psychologue).

Les cauchemars

Les cauchemars, rêves effrayants et angoissants, réveillent le dormeur, qui conserve le souvenir de la scène rêvée. Ils ne s'accompagnent pas de troubles neurovégétatifs comme ceux des terreurs nocturnes (respiration haletante, transpiration, etc.), mais l'angoisse qu'ils génèrent peut empêcher le retour au sommeil. Ils surviennent principalement au cours du sommeil paradoxal. Les cauchemars sont courants au cours de la petite enfance (entre 18 mois et 7 ans). Comme les autres rêves, ils permettent d'intégrer les souvenirs de la journée, des angoisses inconscientes. Ils correspondent donc à un processus normal de remaniement psychique, de traitement et d'élaboration des expériences vécues au cours de la période de veille. Les cauchemars sont donc banals s'ils sont occasionnels, mais s'ils se répètent ils peuvent être le signe d'une angoisse d'abandon, comme nous le verrons avec l'exemple de Lili-Rose, p. 102[2].

2. Des cauchemars très fréquents et anxiogènes peuvent relever d'un trouble psychopathologique, voire d'un stress post-traumatique. Il est conseillé de consulter un spécialiste (psychiatre ou psychologue).

Les insomnies

L'insomnie désigne à la fois une durée insuffisante de sommeil et une mauvaise qualité du sommeil. Elle comporte selon les cas :
– des difficultés d'endormissement ;
– des réveils nocturnes ;
– un réveil matinal précoce ;
– une impression d'absence totale de sommeil.

Elle touche entre 20 et 30 % de la population. Différentes études ont montré[1] :
– que l'insomnie occasionnelle est la plus fréquente ;
– un accroissement de l'incidence de l'insomnie avec l'âge ;
– que ce trouble est deux fois plus fréquent chez les femmes que chez les hommes ;
– une psychopathologie (dépression, anxiété) associée au trouble dans un tiers des cas.

> Les insomnies transitoires

Ces insomnies occasionnelles (quelques nuits) ou à court terme (quelques semaines) apparaissent en réaction à un

1. http://www.institut-sommeil-vigilance.org/tout-savoir-sur-le-sommeil

contexte particulier ou à une problématique existentielle : deuil, difficultés familiales, professionnelles, stress, etc. Elles peuvent relever d'une mauvaise hygiène de vie : abus d'excitants, lever ou coucher décalés et irréguliers, hyperactivité physique ou intellectuelle (notamment surstimulations visuelles par des écrans, suractivité professionnelle, etc.). Elles peuvent aussi être dues à un trouble somatique : douleur aiguë, toux, fièvre, etc. L'environnement peut également empêcher de bien dormir : nuisances sonores, mauvaises conditions de couchage, chambre trop chauffée, etc.

> Les insomnies chroniques

On considère qu'une insomnie est chronique si elle dure depuis plus de trois mois. Les insomnies chroniques concernent environ 20 % de la population française. Leurs causes sont essentiellement d'ordre psychologique (anxiété et dépression).

> Les insomnies matinales

Il s'agit de réveils précoces vers trois ou quatre heures du matin, avec dès le réveil une recrudescence des symptômes dépressifs (tristesse, rumination, angoisse, fatigue, idées suicidaires...). Ces insomnies accompagnent 80 à 90 % des états dépressifs et anxieux.

> L'insomnie d'endormissement

Les troubles anxieux et névrotiques sont souvent à l'origine d'une insomnie d'endormissement chronique, l'anxiété s'opposant au lâcher-prise dans le sommeil. Le sujet se couche anxieux, redoutant l'insomnie. Il procède parfois à des rituels visant à conjurer l'insomnie. Par exemple, il vérifie que toutes les lumières sont éteintes, refait son lit de manière systématique, se couche d'une certaine manière, doit laisser une porte ouverte, etc.

> L'insomnie totale

Il peut arriver ponctuellement de passer une nuit sans dormir, cette nuit blanche étant en général due à un «surstress» (deuil, annonce d'une maladie, annonce d'un licenciement, etc.). Lorsque ces nuits blanches ont tendance à se répéter, la santé physique et mentale est ébranlée. Hormis les pathologies psychiatriques (notamment les phases «maniaques» des troubles bipolaires), les nuits blanches à répétition surviennent en général lorsqu'une personne souffrant d'insomnie chronique avance en âge (voir l'exemple de Jean-Michel, p.13).

INSOMNIES PRIMAIRES ET INSOMNIES SECONDAIRES

La classification des troubles du sommeil distingue les insomnies chroniques primaires des insomnies chroniques secondaires.

Les insomnies chroniques primaires regroupent la majeure partie des insomnies chroniques pour lesquelles aucune cause n'est trouvée. L'insomnie est le seul symptôme, résultant d'un phénomène d'hyperéveil entravant le fonctionnement des mécanismes d'induction du sommeil. Les causes des insomnies chroniques primaires ne sont pas apparentes et c'est précisément l'objet de ce livre que de débusquer les causes cachées des troubles du sommeil chroniques.

Les insomnies chroniques secondaires correspondent à un symptôme que l'on peut identifier. Cette distinction se révèle relative, car même dans les insomnies chroniques secondaires le symptôme peut résulter d'une cause non décelée.

Les hypersomnies

Ces troubles concernent entre 5 et 8,7 % de la population française[1]. Ils correspondent à une veille altérée en durée (hypersomnie) ou en qualité (somnolence diurne). Ils sont souvent méconnus, et difficiles à diagnostiquer. Leurs conséquences peuvent être lourdes. Ainsi, la somnolence au volant constitue la première cause de mortalité sur les autoroutes[2]. Il en va de même pour les accidents du travail[3].

> L'hypersomnie psychogène

Cette hypersomnie s'inscrit dans un cadre psychopathologique : état dépressif, troubles bipolaires de l'humeur, dépression saisonnière, dépression réactionnelle, troubles névrotiques, etc. Elle peut être provoquée par un changement normal de rythme biologique (voir l'exemple de Julia, p. 65) ou relever de causes médicales : hypertension intracrânienne, tumeur cérébrale, accident vasculaire cérébral, affections dégénératives – Alzheimer, Parkinson.

---

1. *Science et vie*, « Les mystères du sommeil », hors-série N° 262, 8 mars 2013.
2. INSV (Institut national du sommeil et de la vigilance) et ASFA (Association des sociétés françaises d'autoroutes), *La Somnolence au volant, livre blanc*, 2013. Consultable à l'adresse suivante : http://www.institut-sommeil-vigilance.org/mon-sommeil-en-pratique
3. *Science et vie*, *ibidem*.

Les troubles du sommeil chez l'enfant

Pendant le sommeil, de nombreuses fonctions s'accomplissent. Chez l'enfant, elles sont particulièrement importantes. Par exemple, la sécrétion de l'hormone de croissance n'a lieu que pendant le sommeil profond ; si le sommeil est perturbé, l'hormone de croissance sera moins produite. C'est également pendant le sommeil qu'est sécrétée la prolactine, une autre hormone, qui stimule le système immunitaire. De plus, le sommeil (notamment les phases paradoxales) favorise d'autres fonctions mentales et psychiques comme la mémorisation et l'organisation des informations acquises pendant la journée.

Certains enfants rencontrent de réelles difficultés à trouver le sommeil et il est fréquent que les parents soient obligés de s'y reprendre à plusieurs fois pour les remettre au lit ou les rassurer. Ces soirées consacrées à endormir un enfant peuvent se révéler être un véritable cauchemar éveillé pour certains parents ; que d'énergie gaspillée, que de cris, que de larmes versées, que d'exaspération, pour enfin parvenir à point d'heure à endormir l'enfant.

Sans oublier les parents qui commencent leur nuit allongés auprès de leur enfant, pensant que c'est le seul moyen de l'aider à trouver le sommeil. Nuits tronquées, couple dissocié, alors que les parents pourraient enfin se retrouver… Il y a aussi ceux qui acceptent que leur enfant s'endorme dans leur lit, pour le reposer ensuite délicatement dans le sien.

Autre scénario catastrophe, les enfants qui se réveillent plusieurs fois par nuit pour conquérir le bastion du lit parental. Certains parents finissent par céder, d'autres doivent se relever pour remettre l'enfant dans sa chambre. Quant à l'enfant, il va de soi qu'il perd de précieuses heures de sommeil indispensables à son développement et à son équilibre, tant physiques que psychologiques.

Comme nous allons le voir maintenant, ces difficultés, la plupart du temps, sont liées à une angoisse de séparation ou à la peur du noir.

> L'angoisse de séparation

L'angoisse de séparation est à l'origine de la plupart des difficultés d'endormissement du jeune enfant[1]. Cette angoisse, éprouvée au moment de s'endormir, résonne en général avec celle des parents, ou de l'un d'eux. Dans ma pratique clinique, j'ai souvent constaté que lorsqu'un enfant a du mal à se détacher de sa mère (ou/et de son père) c'est qu'elle-même éprouve une difficulté à se séparer de lui. J'invite donc les parents qui vivent des soirées et des nuits perturbées à cause des difficultés d'endormissement de leur enfant à se questionner sur leur sentiment d'insécurité, et/ou de culpabilité, lorsqu'il s'agit de laisser, d'« abandonner » leur enfant pour la nuit.

Cécile, hantée par l'angoisse de ses parents

Cette petite fille de 3 ans et demi vient accompagnée par ses deux parents. Ceux-ci n'en peuvent plus, car ils n'ont pas fait une nuit complète depuis la naissance de Cécile. Ils ont déjà entrepris d'autres démarches : médecines douces, homéopathie,

1. Pour en savoir plus, voir le chapitre sur l'attachement, p. 97.

ostéopathie, sans résultats. Ils ont aussi consulté un pédiatre spécialiste des troubles du sommeil de l'enfant et, malgré les conseils avisés du praticien (régularité des rythmes, rituels d'endormissement), Cécile dort toujours très mal et se réveille plusieurs fois par nuit.

L'anamnèse[2] de Cécile révèle un élément déterminant : sa mère, Marianne, est atteinte d'un diabète de type 1 (insulinodépendant) depuis l'âge de 10 ans. Elle a subi une pression massive tout au long de sa grossesse, puisque les médecins lui avaient clairement signifié qu'elle risquait sa vie et celle de son bébé. Marianne évoque cette période avec beaucoup d'émotion. Donner la vie en la risquant, assumer ce choix, se soumettre à des examens médicaux constants, est bien entendu un choix complexe. Cette grossesse était considérée comme pathologique. En effet, une femme atteinte d'un diabète de type 1 encourt différents risques lorsqu'elle décide d'être enceinte : malformations du bébé au cours du premier trimestre, modification constante de son taux de glycémie (lequel doit être contrôlé en permanence), risque d'hypertension artérielle et risques lors de l'accouchement, tant pour la mère que pour l'enfant.

La surveillance médicale, même si elle est indispensable, n'en reste pas moins anxiogène, comme l'explique Marianne : « Depuis que j'ai 10 ans, je dois constamment me contrôler : ce que je mange, ma glycémie, je suis sous contrôle permanent. Même pendant une période aussi heureuse qu'une grossesse, il faut encore plus tout contrôler et, surtout, je me suis sentie responsable du risque que je faisais courir à mon bébé. C'est comme si le fait de donner la vie s'accompagnait d'un risque de donner un handicap, voire la mort. » Elle ajoute qu'elle-même était en danger. Marianne et son mari ont les larmes aux yeux lorsqu'ils évoquent cette période sensible, cette angoisse massive, tant pour la santé de la mère que pour celle du bébé, les multiples examens médicaux... Cette angoisse s'accompagnait d'un fort sentiment de culpabilité : en donnant la vie, ils risquaient le handicap, voire la mort, ce qui est bien entendu complexe et

2. Ensemble des renseignements que le thérapeute peut recueillir auprès du patient pour connaître son histoire.

paradoxal. Un médecin leur a même dit : « Dans votre cas, il est quand même plus simple d'adopter. »

Les risques encourus par la mère et l'enfant au cours de l'accouchement impliquaient obligatoirement que la naissance fût déclenchée. Mais le bébé en décida autrement en arrivant deux jours avant la date programmée. Finalement, la naissance s'est très bien passée : Marianne et Cécile se portent bien, même si elles ont fait l'objet d'une surveillance assidue. Marianne exprime son soulagement en sanglotant : « Nous y sommes quand même arrivés, et en bonne santé. »

Cécile était présente lorsque ses parents ont raconté les conditions anxiogènes de sa gestation. Elle a écouté très attentivement ce qu'ils disaient et a réagi, lorsqu'ils ont fondu en larmes, en se blottissant sur les genoux de sa mère. Lorsque je lui ai proposé de rester seule avec moi, elle a refusé en s'agrippant à sa mère. J'ai donc décidé de m'adresser à elle en présence de ses parents. Même si elle avait très certainement entendu cette histoire par bribes, elle ne pouvait pas la connaître et se l'approprier puisque personne ne lui en avait vraiment parlé. Lorsque j'ai évoqué le diabète de sa mère, elle a hoché la tête : elle était au courant puisqu'elle la voyait chaque jour contrôler sa glycémie et s'administrer de l'insuline. J'ai donc repris l'ensemble des éléments médicaux inhérents à sa venue au monde : craintes, surveillance, déroulement et issue favorable. Je lui ai dit qu'elle et ses parents avaient eu très peur, mais que maintenant elle n'avait plus de soucis à se faire puisqu'elle était en bonne santé et que, sa mère étant bien suivie, elle aussi était en bonne santé. Cécile a alors accepté que ses parents aillent dans la salle d'attente.

Elle a dessiné une ébauche de bébé avec sa maman dans des tons sombres, gris-marron et violets, entouré de noir. Je lui ai dit que ce dessin représentait la peur qu'elle avait éprouvée avec sa maman lorsqu'elle était dans son ventre et elle a acquiescé. Une séance d'haptonomie (voir p. 192) lui a permis de ressentir qu'elle était bien vivante, que ses peurs étaient du passé. Lorsqu'elle m'a dit : « J'ai peur que maman moure », je lui ai répondu que, très souvent, les enfants de son âge avaient peur que leurs parents meurent, mais que sa maman était bien vivante et en bonne santé. Cécile a semblé soulagée, apaisée. La nuit qui a suivi, elle a dormi à poings fermés. Et ses parents aussi. Aux dernières nouvelles, tout est rentré dans l'ordre et la petite famille peut enfin passer des nuits paisibles.

> Que faire pour diminuer l'angoisse de séparation ?

Comme nous l'avons vu, les séparations précoces peuvent s'avérer être de profonds traumatismes, pour le bébé ou le jeune enfant, et provoquer des troubles du sommeil persistant toute la vie. Mais il est possible d'agir, en prenant certaines précautions, pour protéger l'enfant et neutraliser leur impact.

Après la naissance

Différentes causes peuvent provoquer une séparation précoce à la naissance (césarienne, naissance prématurée, autre problème médical touchant la mère ou le bébé). Heureusement, dans ces situations, de nombreuses maternités proposent un contact peau à peau mère-enfant pendant les deux heures qui suivent l'accouchement où l'accouchée reste en observation. Ce contact prolongé est enfin admis, ce qui n'était pas le cas voici quelques années, lorsque le bébé partait aux soins peu après sa naissance et que sa mère n'avait pratiquement pas le temps de le voir et le ressentir.

Pour une naissance en douceur : le peau à peau

Pour savoir si votre maternité pratique ce peau à peau, essentiel à un attachement sécure, renseignez-vous avant l'accouchement. Si ce n'est pas le cas, parlez-en à l'équipe soignante, votre demande sera certainement bien accueillie.

Lorsque la mère et l'enfant sont séparés précocement, à cause d'une césarienne ou d'un problème médical concernant le bébé ou sa mère, il est essentiel que le père prenne le relais et reste en contact avec le bébé, en favorisant si possible le contact peau à peau.

Prenons l'exemple d'une mère qui a fait une hémorragie après l'accouchement. Il faudrait que le père explique au bébé ce qui se passe, que sa maman a eu un problème de santé et que les médecins s'en occupent bien, et surtout qu'il n'est pas coupable de ce qui arrive à sa mère, qu'elle est bien vivante et qu'il va la retrouver. Si c'est le bébé qui doit être séparé de sa mère pour des raisons médicales, il est primordial que son père reste près de lui et lui explique ce qui lui arrive, ce qu'on va lui faire, et surtout qu'il le rassure en lui disant qu'il sera tout près de sa maman au plus vite, qu'elle pense très fort à lui et qu'il est dans son cœur.

Il est essentiel de parler au nouveau-né pour lui expliquer ce qui se passe.

Si la séparation perdure, et si cela est possible, il convient de donner au nouveau-né un linge imprégné de l'odeur de sa mère, notamment de colostrum lequel comporte l'ocytocine qui favorise l'attachement (très souvent, la mère tire son lait ce qui permet au bébé d'être nourri par sa mère). Lorsque la mère et l'enfant se retrouveront, elle pourra à son tour lui raconter ce qui s'est passé et lui expliquer que maintenant tout va bien. Parler à un nouveau-né peut sembler curieux et pourtant il percevra et intégrera ce qui lui est dit et cela le rassurera. De nombreux psychanalystes et d'autres professionnels ont constaté des améliorations surprenantes chez des bébés auxquels on expliquait simplement la séparation d'avec leur mère.

Si votre enfant a subi une séparation précoce, il serait judicieux de le lui dire, si possible en lui montrant des photos et en le rassurant, comme l'ont fait les parents de Lili-Rose (voir p. 102).

Au cours de la première année

Lorsque le congé parental prend fin, les jeunes parents qui travaillent doivent, pour la plupart, faire garder leur bébé (le délai légal pour la reprise du travail est de deux mois et demi après la naissance, ce qui semble très tôt). Ils se débrouillent pour le confier vers l'âge de 4 ou 5 mois (en utilisant congés, avances de congés, ARTT, journées sans solde, etc.), âge qui, d'après les directrices de crèche correspond à une période assez favorable. Le verbe « confier » implique la notion de confiance et, si les parents font confiance à l'assistante maternelle ou à la crèche qui prendra soin de leur bébé, tout se passera au mieux.

Si vous avez recours à une assistante maternelle, faites surtout confiance au bouche-à-oreille pour la trouver, car l'agrément n'est pas une garantie absolue. Les assistantes maternelles travaillant pour des crèches familiales sont formées et encadrées par une équipe et cette formule allie le cadre sécurisant et structuré de la crèche au cadre sécurisant et chaleureux d'une vie de famille. Les parents qui choisissent la crèche seront reçus par la directrice et son adjointe et se familiariseront avec la structure lors de l'inscription de leur bébé[3].

Une période d'adaptation est primordiale.

Dans les deux cas, une période d'adaptation est généralement mise en place car elle est primordiale. Cette adaptation consiste à se rendre avec l'enfant chez

3. Pour en savoir plus sur les différents modes de garde, lire Laure Leter, *Modes de garde, mode d'emploi. À qui confier mon enfant ?*, Albin Michel, 2014.

l'assistante maternelle ou à la crèche et, dans un premier temps, à rester avec lui, pour les fois suivantes le laisser pendant des périodes progressivement plus longues.

Une bonne adaptation requiert du temps : au minimum une semaine, et si possible deux.

Les lieux d'accueil parents-enfants, telle la Maison Verte créée par Françoise Dolto, favorisent le détachement et préparent à la séparation. Le principe est que le parent qui accompagne l'enfant ne part sous aucun prétexte, ce qui permet à l'enfant de découvrir d'autres enfants et d'autres adultes en toute sécurité. Ces accueils parents-enfants existent dans pratiquement toutes les villes, renseignez-vous auprès de la PMI la plus proche de votre domicile.

Enfin, comme nous le verrons (p. 90), le deuxième semestre avec l'angoisse du huitième mois est une période particulière quant à la séparation. Les crèches sont en général préparées à favoriser une adaptation adéquate à cette période, les assistantes maternelles sont aussi formées et savent que les bébés sont plus sensibles à la séparation à ce moment-là. Vous, parents, soyez à l'écoute de votre enfant pour que la séparation à cette période soit bien traversée.

L'ANGOISSE DU HUITIÈME MOIS

Soyez prudents au cours de cette période des 8 à 9 mois, évitez si possible de partir loin de votre bébé et, si vous devez le faire, prévenez-le et dites-lui quand vous allez revenir. Rassurez-le. *A posteriori*, si vous avez dû vous absenter au cours de cette période, vous pouvez l'expliquer à votre enfant, mieux vaut prévenir que guérir.

Pour conclure je dirai que la vie comporte une succession de séparations et de pertes, le tout est de les traverser en se sentant suffisamment en sécurité.

LA CAPACITÉ À ÊTRE SEUL EN PRÉSENCE DE L'AUTRE

Il s'agit là d'une notion clé. Si l'enfant peut jouer, rêver, créer en présence de sa mère sans devoir s'agripper à elle en se confondant avec ses faits et gestes, il sera alors en mesure de supporter la séparation et d'avoir plaisir à prendre part à des activités sociales ou scolaires. Mais pour cela, il doit avoir construit un attachement sécure (voir p. 99). Il va de soi qu'un enfant n'ayant pas pu développer cette capacité à être seul en présence de l'autre aura souvent des difficultés à s'endormir ou à dormir seul en se sentant en sécurité.

> La peur du noir

La peur du noir, appelée aussi « nyctophobie », est une angoisse qui saisit l'enfant lorsqu'il est plongé dans l'obscurité. Elle est courante à partir de 18 mois et perdure en général jusqu'à l'âge de 5 ans (voire 7 ans et plus). C'est une étape normale du développement émotionnel. Si la plupart des enfants ont peur du noir au cours de la petite enfance, c'est que leur niveau de conscience progresse. Leur inventivité s'embrase et vilaines sorcières et monstres peuvent les effrayer. De plus, dans le noir, l'enfant ne trouve plus son doudou et s'en trouve désorienté. En fait, ce que craignent les tout-petits est ce qu'ils ne voient pas, ce qu'ils ne reconnaissent pas alors que tout leur échappe. Lorsqu'il est couché, dans le noir, l'enfant ne peut contrôler son environnement, il n'a plus de repères dans son espace.

La peur du noir est une peur ancestrale. En effet, les hommes dits « primitifs » devaient rester vigilants en permanence pour éviter les attaques des bêtes sauvages. La nuit, le danger était décuplé parce qu'ils ne pouvaient pas voir ce qui les menaçait. À un âge où la frontière entre le réel et l'imaginaire est trouble, l'obscurité accentue chez le petit enfant l'émergence de fantasmes archaïques de dévoration et de persécution, liés aux peurs de nos lointains ancêtres.

La peur du noir est une peur ancestrale.

Ces fantasmes sont aussi dus au fait qu'il se perçoit comme étant tout-puissant (inconsciemment, comme il s'imagine capable de dévorer le sein de sa mère, il a peur d'être dévoré à son tour). Ils ont été décrits notamment par la psychanalyste anglaise Melanie Klein[1]. Comme le disait un ami pédiatre, « à cet âge-là, les enfants voient des horreurs », c'est-à-dire que leur imaginaire, notamment pendant leur sommeil, est peuplé de monstres, de sorcières et autres horribles créatures. Ces représentations terrifiantes sont à l'origine de cauchemars qui disparaîtront avec la résolution du complexe d'Œdipe.

LE COMPLEXE D'ŒDIPE, COMMENT ÇA MARCHE ?

Entre 3 et 6 ans environ, l'enfant veut prendre la place du parent du même sexe et « épouser » le parent de l'autre sexe : ainsi, un petit garçon voudra prendre la place de son père et une petite fille celle de sa mère. Or, il ou elle devra renoncer lorsque ses parents lui expliqueront l'interdit de l'inceste : on ne peut pas avoir une relation amoureuse avec une personne de sa famille, on ne peut pas se marier avec son papa ou sa maman. C'est en acceptant cette loi et les limites qu'elle pose que l'enfant comprend alors qu'il n'est pas tout-puissant et qu'il est mortel. On parle alors de « résolution » du complexe d'Œdipe.

Si la peur du noir chez l'enfant est normale, elle n'en est pas moins terrifiante et elle doit être prise au sérieux. Voici quelques conseils pour aider un enfant qui a peur du noir à dormir sereinement la nuit :

– évitez de le ridiculiser en disant par exemple : « C'est idiot », « Tu n'as rien à craindre dans le noir. » Il convient plutôt de le rassurer en lui disant : « Ne t'inquiète pas je suis là » et de chercher avec lui ce qui pourrait l'aider à contrôler la situation. Ainsi mieux vaut lui dire : « De quoi as-tu besoin ? », « Que peut-on faire pour te rassurer ? », puisque sa peur du noir renvoie à une perte de contrôle de son environnement ;

– déterminez avec lui ce qui lui fait peur, car lorsqu'il dit qu'il a peur du noir il est en fait effrayé par des choses qu'il croit voir sous son lit ou dans l'armoire. Il peut donc être judicieux de vérifier avec lui, au moment du coucher, qu'il n'y a rien, en inspectant les recoins, sous le lit, dans le coffre à jouets, dans le placard, etc. Le constat qu'il n'y a aucun monstre caché qui attend l'obscurité pour apparaître peut en partie apaiser son angoisse ;

> La peur du noir doit être prise très au sérieux chez l'enfant.

– parfois, l'installation d'une petite veilleuse, si possible sans fil et déplaçable, est nécessaire. Le clair-obscur rassure le tout-petit, car il a davantage de repères visuels ;

– à défaut de veilleuse, vous pouvez aussi laisser la porte de sa chambre entrouverte, avec la lumière allumée dans le couloir.

Si cette peur perdure au-delà de 7 ans (âge « normal » de la résolution du complexe d'Œdipe, voir p. 58), il convient de laisser la veilleuse tout en restant vigilant, car cette peur à un âge où l'on ne confond plus l'imaginaire et le réel peut traduire un déplacement de l'angoisse. Si cette angoisse est encore massive après 8 ans et surtout si elle ne s'atténue pas avec le temps, il convient de consulter un spécialiste, psychologue ou pédopsychiatre, car elle peut traduire un conflit latent qu'il est souhaitable de désamorcer de préférence avant l'adolescence.

> Bien préparer l'endormissement de l'enfant

Le nourrir affectivement

Pour que l'enfant puisse dormir en toute sécurité, il est nécessaire de le « nourrir affectivement » pour la nuit. Ainsi, l'histoire ou la berceuse seront des nourritures précieuses pour passer une bonne nuit. Il ne s'agit pas de les multiplier, mais de raconter une histoire ou de chanter une berceuse dans une présence pleine (en étant présent à ce que vous faites), affective, rassurante. Il est nécessaire que l'enfant ressente que ce moment est précieux et qu'il y participe pleinement. Il s'agit d'un rituel, et sa répétition soir après soir se révèle rassurante. C'est un moment privilégié de rencontre affective et, dans nos modes de vie stressants, un moment de détente essentiel, tant pour l'enfant que pour les parents. Il est également important, comme le rappelle Michèle Freud[4] :

– de respecter son besoin de sommeil, qui lui est propre ;
– d'encourager la lecture au calme dans son lit et ce, dès son plus jeune âge ;
– de vanter tous les avantages d'aller dormir : par exemple avoir une meilleure mémoire, grandir, devenir plus intelligent ;
– d'éviter la télévision et les jeux qui risquent d'exciter l'enfant ;
– de repérer les signes avant-coureurs de fatigue (frottement des yeux, bâillement, etc.).

Il existe également des CD de relaxation et de sophrologie destinés aux enfants, mais leur utilisation ne dispense pas d'un rituel minimal.

4. M. Freud, *op. cit.*, p. 76.

LA CHAMBRE ET LE LIT C'EST BON

Très souvent la chambre est présentée comme un lieu de punition, de même que le lit : « Si tu n'es pas sage tu vas aller au lit. » Bien au contraire, il est important de considérer la chambre et le lit comme des espaces de ressourcement, de détente, d'individuation. Dire à son enfant : « Dormir c'est bon, qu'est-ce qu'on est bien dans son lit, dans son dodo » est un message qui contribuera à ce qu'il perçoive positivement le coucher et le sommeil.

Adopter un doudou

Donald W. Winnicott, pédiatre et psychanalyste anglais, nous a apporté un précieux éclairage sur le développement psychoaffectif du bébé et du jeune enfant. C'est à cet auteur que l'on doit la notion d'objet transitionnel (plus couramment appelé « doudou »). L'objet transitionnel fait, comme son nom l'indique, la transition entre l'enfant et sa mère. C'est-à-dire que, lorsque l'enfant est séparé de celle-ci, le doudou la représente et c'est de cette manière que l'enfant peut retrouver sa présence sécurisante, en général en suivant des rituels bien précis : manière de le tenir, de le caresser, de le porter à la bouche, etc. Cet objet n'est à nul autre pareil, il est irremplaçable ; il est le seul et unique à pouvoir apporter à l'enfant confort et réconfort, sécurité et intériorisation, car il représente les parents, notamment la mère. C'est à partir de son objet transitionnel que l'enfant pourra développer son espace intérieur, son espace transitionnel. En soutenant le détachement sécure[5] et l'individuation, ce processus favorisera le jeu et la créativité.

Il est très courant que des patients, enfants ou adultes, souffrant de troubles du sommeil n'aient jamais eu de

5. Le terme « sécure » signifie que le bébé sait qu'il peut compter sur son parent lorsqu'il en a besoin (tendresse, consolation, soins, etc.).

doudou. C'est qu'en général ils n'ont pas été confrontés à la séparation d'avec leur mère dans un climat de détachement sécure (ils ne se sentent pas assez en sécurité pour rester seuls ou explorer leur environnement). Lorsqu'il s'agit d'un jeune enfant, je lui propose ainsi qu'à ses parents de choisir et d'adopter un doudou. Les parents me répondent dans la plupart des cas qu'il a l'embarras du choix, parmi la ou les dizaines de peluches ou jouets divers dont il est entouré (voire surchargé). Il peut alors être intéressant de lui présenter plusieurs peluches parmi ses préférées, alors qu'il a les yeux fermés. En effet, le toucher, sens affectif primordial, prévaut dans le processus d'attachement. Ainsi, en ressentant le contact d'une peluche en particulier, l'enfant l'adoptera et s'y attachera d'autant mieux. Ce sera d'ailleurs en touchant et en sentant son doudou qu'il sera rassuré, notamment la nuit. En plus d'être ludique, cette adoption de doudou peut être un moment intense de partage.

Comment procéder ?

- Proposez à votre enfant de fermer les yeux.
- Puis posez une peluche entre ses mains, et demandez-lui de bien la toucher, la sentir, faire connaissance avec elle. Qu'il prenne son temps. Il peut être amusant de lui demander de la reconnaître.
- Présentez-lui plusieurs peluches. À un moment donné, c'est lui qui dira : « C'est elle que j'aime. » Il ouvrira alors les yeux et tout en continuant à le toucher il pourra admirer son doudou, le seul, l'unique.

J'ai souvent proposé ce processus d'adoption de doudou à des parents parfois dubitatifs. Ils ont néanmoins été étonnés de constater l'impact émotionnel et l'attachement réel de l'enfant à son nouveau compagnon de vie, son doudou.

Les troubles du sommeil chez l'adolescent

> La révolution de l'adolescence

À partir de 12 ans, votre bambin qui ne rechignait pas à se coucher de bonne heure et qui était le premier levé (rappelez-vous des dimanches matin où il n'était plus question pour vous de grasse matinée) devient un ado qui joue les prolongations le soir ; tout est bon pour repousser l'heure du coucher.

Pendant le week-end ou les vacances, lorsqu'il peut plus facilement se coucher plus tard, il est courant de le voir veiller jusqu'à 1 heure du matin et en pleine forme, et ce, malgré vos rappels à l'ordre réitérés du style : « Va donc te coucher, tu ne seras pas en forme demain matin. » Rien à faire, il veille et vous finissez par vous endormir bien avant lui. Par contre, le lendemain matin, pas question qu'il se lève de bonne heure pour aller courir avec ses parents ou s'avancer dans ses devoirs : il dort jusqu'à très tard, il faut même parfois le réveiller pour qu'il daigne déjeuner avec vous, ce qu'il a du mal à accepter.

Peut-être cela vous rappelle-t-il votre jeunesse ? Non ? Vous l'avez peut-être oublié, mais vous avez probablement vécu la même chose au même âge, sauf qu'à l'époque vos parents ne vous laissaient pas veiller. Souvenez-vous des lampes de poche sous les couvertures, de la radio écoutée en douce ; vous non plus n'aviez pas sommeil à 22 heures.

En cause, une modification du rythme veille/sommeil qui se produit à l'adolescence, un brusque changement du cycle hormonal, qui a pour conséquence que les adolescents s'endorment tardivement entre 23 heures et 1 heure du matin, quand la sécrétion de mélatonine atteint un taux maximal, et qu'ils ne se réveillent qu'après 10 heures, quand le taux de cortisol, l'hormone du stress qui induit le sommeil, amorce sa remontée. On parle alors de « retard de phase ».

> À l'adolescence, le brusque changement hormonal qui se produit modifie le rythme du sommeil.

C'est pourquoi les jeunes ont une tendance naturelle (physiologique) aux levers tardifs. C'est le corps qui a besoin de ce rythme. Il est par conséquent judicieux, dans la mesure du possible, de les laisser récupérer le week-end, car ils accumulent un retard de sommeil au cours de la semaine : les rythmes scolaires les obligent à se lever parfois très tôt et certains ont un long temps de trajet pour aller au collège ou au lycée. Sans parler du temps consacré aux devoirs à la maison.

J'ai maintes fois entendu des patients me raconter combien ils avaient perçu comme une extrême violence le fait que leur père ou leur mère les forcent à se réveiller tôt le week-end ou pendant les vacances. Ces parents étaient probablement persuadés que leur ado était devenu fainéant pour dormir si tard, surtout si ce n'était pas habituel dans la famille.

Eh bien, chers parents, ne l'oubliez plus : il s'agit d'un phénomène physiologique hormonal normal et ce rythme décalé correspond probablement à une période où votre ado a besoin de se démarquer de sa famille. Ce rythme différé lui permettant d'être dans sa bulle. Les adolescents ont besoin de ce repli pour se construire, trouver leur identité et se différencier de leurs parents.

Julia, une adolescente « normale »

Julia a 13 ans. Récemment, c'était encore une lève-tôt pleine d'entrain, toujours d'accord pour partir à l'aube faire une randonnée en montagne. Depuis quelques mois, elle ne se reconnaît plus, elle n'arrive pas à se coucher. Le matin, elle a l'impression d'être en plomb et elle a bien du mal à se lever en semaine. Le week-end, elle émerge vers 11 heures et se réveille vraiment vers midi. Elle se sent coupable de devenir « fainéante ». Son père, grand sportif et exigeant, n'admet pas ce changement ; à son âge il était scout et ne traînait pas le dimanche matin. La culpabilité éprouvée par Julia et le conflit avec son père amènent sa mère, très à l'écoute de sa fille, à consulter : peut-être Julia passe-t-elle par un état dépressif, si courant à l'adolescence ? Julia accepte bien volontiers, car elle aimerait, dit-elle ,« régler ce problème de décalage ».

Julia vient accompagnée de sa mère qui expose le déphasage de sa fille. La jeune fille explique qu'elle a beau faire des efforts, elle arrive rarement à s'endormir et à se réveiller de bonne heure. Je demande à la mère si elle n'a pas eu du mal à se coucher au même âge : « Oui mais moi ça n'est pas pareil, je faisais comme ma grande sœur qui partageait ma chambre. » À quoi je m'empresse de répondre : « Ce qui est pareil, c'est que votre sœur et vous étiez adolescentes, et qu'à l'adolescence le rythme du sommeil est modifié. » Et j'explique le décalage de sécrétion de mélatonine et de cortisol (voir p. 64) très fréquent à cette période. Je lis une expression de soulagement sur le visage de Julia : « Ah tu vois, c'est normal, je suis comme mes copines. » Sa mère reconnaît alors qu'elle avait oublié combien cela avait été compliqué avec ses propres parents.

Cette explication physiologique a semblé convenir au père de Julia, qui s'est résigné à voir sa fille émerger en fin de matinée et ne plus autant participer à ses activités sportives. D'ailleurs, elle préfère être avec ses copines. C'est aussi ça l'adolescence, faire plus de choses avec ses amis qu'avec ses parents. Donc le prétendu trouble du sommeil de Julia était « normal », il fallait seulement prendre conscience qu'elle n'était plus une petite fille…

> Le manque de sommeil

D'après l'Inserm (Institut national de la santé et de la recherche médicale), on constate une diminution importante du temps de sommeil chez l'adolescent, de deux heures en moyenne entre 10 et 20 ans : les jeunes se couchent de plus en plus tard et se lèvent plus tôt dès l'entrée au collège et au lycée (temps de transport, devoirs à la maison, emploi du temps surchargé, etc.).

Ce manque de sommeil existe depuis longtemps, parce que les horaires scolaires ne sont pas modifiés, alors que les jeunes voient leur rythme veille/sommeil décalé. Néanmoins, ce phénomène va en s'aggravant à cause des écrans divers (ordinateurs, smartphones, tablettes, télévision) dont les jeunes usent et abusent.

Pas question de les empêcher de communiquer le soir avec leurs copains, ce serait les désocialiser. Néanmoins, si vous constatez que votre ado est rivé à son écran jusqu'à point d'heure, il est judicieux d'en parler avec lui et de lui poser une limite. On sait que l'usage d'un écran intensifie l'activité d'éveil et diffère par conséquent la venue du sommeil. De nombreux adolescents se plaignent de ne pas se sentir reposés à leur réveil, allant parfois jusqu'à somnoler pendant la journée. Cela provient d'une privation chronique de sommeil et les répercussions du manque de sommeil sur les performances scolaires sont évidentes : la fatigue réduit les capacités de concentration, de réflexion, de mémorisation. Elle peut aussi avoir pour conséquence des troubles du comportement, de l'irritabilité, du repli sur soi, voire un état dépressif latent.

Il est donc judicieux que les parents, tout en reconnaissant les besoins et le rythme de sommeil décalé de l'adolescent, l'accompagnent pour définir un cadre compatible avec sa scolarité.

> Un travail d'équipe

En reconnaissant que leur ado n'est plus un petit enfant, et que par conséquent son rythme biologique de sommeil est décalé, les parents peuvent instaurer un dialogue et définir ensemble des horaires de coucher pendant la semaine, lorsqu'il a cours le lendemain. Il se peut que le jeune s'ingénie à dépasser allègrement cette limite, mais néanmoins un cadre sera posé et servira de référence pour éviter trop de débordements.

N'hésitez pas à laisser votre ado faire de grasses matinées le week-end et pendant les vacances. Rien ne sert de le réveiller de bonne heure pour qu'il se recale ou qu'il s'avance dans ses devoirs. Il a vraiment besoin de récupérer et ce sommeil tardif est du temps gagné pour son équilibre, sa santé, et non pas du temps perdu, comme certains parents auraient tendance à le croire. Il s'agit là de rythmes de sommeil et de recadrage dans un contexte « normal ». Si les difficultés d'endormissement de votre ado proviennent d'une anxiété massive, il convient d'en parler avec lui. Parfois le sentiment d'être écouté pourra l'apaiser. Si ses troubles du sommeil perdurent, ils peuvent être révélateurs d'un état dépressif, ce qui est courant à l'adolescence (période de remaniement pulsionnel et de crise identitaire) ou d'un problème transgénérationnel (voir p. 119).

Les troubles du sommeil chez la personne âgée

L'incidence des troubles du sommeil augmente avec l'âge et on estime que 35 à 50 % des plus de 65 ans se plaignent d'un mauvais sommeil. Le vieillissement entraîne des modifications du sommeil : celui-ci tend à se répartir sur 24 heures. La plupart des personnes âgées ont besoin de faire la sieste. Il y a donc une diminution de sommeil nocturne même si le besoin de sommeil reste inchangé.

Les cycles du sommeil sont souvent modifiés :
– le stade 1, caractérisé par un sommeil léger, s'allonge, ce qui accroît le nombre de réveils ;
– le stade 2 change très peu ;
– les stades 3 et 4 de sommeil profond se raccourcissent nettement, ce qui allège le sommeil et donne l'impression de ne pas dormir ;
– le stade 5, celui du sommeil paradoxal, ne se modifie qu'à un âge très avancé ou chez les personnes atteintes de démence.

Il est courant que les personnes âgées voient leur sommeil se décaler. Elles ont tendance à vouloir dormir de bonne heure (vers 21 heures, parfois plus tôt), et à se réveiller vers 4 ou 5 heures du matin. Si cette altération du rythme peut convenir à certaines, il est fréquent que d'autres s'en plaignent, ayant l'impression de mal dormir et surtout de se sentir isolées et désœuvrées à 4 heures du matin.

Le rythme du sommeil change avec l'âge.

Si le manque de sommeil se fait sentir, il est conseillé de faire une courte sieste (pas plus de 15 minutes), après le déjeuner. En cas d'endormissements et de réveils précoces mal vécus, il est recommandé de pratiquer une activité stimulante :
– exercice physique : marche, natation, aquagym, gymnastique douce, yoga, qi gong. Si la personne est immobilisée, qu'elle ne peut pas sortir, il est souhaitable qu'elle regarde par la fenêtre et voie la lumière du jour ; la luminothérapie peut également contribuer à un recalage des rythmes circadiens ;
– activité sociale, créative (exemples : théâtre, chorale) ; en effet, les personnes âgées sont trop souvent isolées, ce qui accroît le déphasage de leur rythme de vie et de sommeil.

> Les causes d'insomnie chez la personne âgée

Elles sont nombreuses, tant somatiques que psychiques :
– syndrome des jambes sans repos, apnées du sommeil, narcolepsie ;
– douleurs, diabète, maladie de Parkinson, problèmes thyroïdiens, cardio-vasculaires, respiratoires, gastro-intestinaux, etc. ;
– prise de médicaments tels que corticoïdes, diurétiques, stimulants du système nerveux central, etc. ;
– démences, dont la maladie d'Alzheimer ;
– troubles psychiques, anxiété, dépression, deuil, etc. ;
– facteurs extérieurs : lumière, bruit, température de la chambre, humidité, changement de milieu, produits excitants (caféine, nicotine, alcool) ;

– mauvaise hygiène du sommeil, rythme irrégulier, diminution des activités, etc.

> **BIEN VIEILLIR POUR BIEN DORMIR**
> Bien vieillir contribue sans aucun doute à un meilleur état de santé de la personne âgée, notamment en ce qui concerne le sommeil, si essentiel à la santé tant physique que psychique. Je reprendrai ce qu'a dit un homme âgé qui était resté curieux, actif, bien entouré, avait des projets, des centres d'intérêt : « Le but c'est de mourir vivant »... Quel beau programme !

Les spécialistes de la gérontologie sont unanimes : les personnes âgées ont besoin de liens sociaux et affectifs, d'activités structurantes, de projets, de partage. Tout ceci semble évident, mais ce n'est malheureusement pas toujours le cas. Nombreuses sont les personnes âgées repliées sur elles, isolées, décalées dans le temps ; ce qui influe bien entendu sur leur qualité de vie, et notamment sur leur sommeil. Les personnes qui travaillent en maison de retraite savent combien les angoisses sont massives chez les pensionnaires pendant la nuit, notamment l'angoisse de mort. Comme le sommeil et l'angoisse de mort sont imbriqués dans l'inconscient (voir p. 87), on peut comprendre que cette problématique rejaillisse sur le sommeil, d'autant plus chez la personne âgée, qui sait que la mort approche.

Jacqueline ou la culpabilité destructrice

Jacqueline a 77 ans. C'est son médecin généraliste qui lui a conseillé de consulter. Jacqueline menait tambour battant une retraite active avec son mari, pratiquait la randonnée, faisait du bateau, allait à des concerts et au théâtre mais, depuis plus d'un an, elle a tendance à baisser les bras. Elle préfère que son époux poursuive ses activités avec leurs amis, elle a besoin de rester tranquille avec son petit chien. De plus, et c'est surtout pour cela qu'elle consulte, elle se réveille la nuit en état de panique et n'arrive pas à se rendormir.

Le médecin qui me l'a adressée a diagnostiqué un état dépressif. Il est toutefois étonné qu'elle ait décompensé si rapidement. Tout va bien sur le plan physique, hormis quelques douleurs courantes à son âge, qui ne devraient pas l'empêcher de poursuivre ses activités. Son mari ne la reconnaît plus, elle qui a toujours été si vaillante et joviale.

Une brève anamnèse[1] nous permet d'élucider la cause de cet état dépressif.

La mère de Jacqueline était veuve depuis quelques années et se débrouillait bien toute seule dans son pavillon de banlieue, jusqu'au jour où elle s'est cassé le col du fémur. Elle ne s'en est jamais vraiment remise. Cette fracture et l'immobilisation qui a suivi lui ont fait perdre son élan vital : elle n'avait plus goût à rien. Jacqueline et son mari décidèrent de l'installer dans le studio indépendant de leur villa. Elle avait 76 ans, mais la solitude lui pesait et elle n'avait plus envie de se prendre en main. Même si elle avait accepté de venir vivre chez sa fille, elle n'avait jamais vraiment surmonté le fait d'avoir quitté sa maison et ses repères. Après le déménagement, elle perdit progressivement son entrain. Malgré les stimulations et les propositions de Jacqueline, rien ne l'intéressait et, disait-elle, il était temps qu'elle retrouve son cher mari, décédé six ans plus tôt. Son état de santé s'est progressivement dégradé. Jacqueline l'a veillée nuit et jour et a fait en sorte de la garder chez elle, puis la vieille dame est décédée d'un cancer après une longue année de traitements et de souffrances, à l'âge de 78 ans.

La brève psychothérapie de Jacqueline lui a permis d'accepter l'idée de vivre une autre vie que celle de sa mère. Son mari et elle sont en bonne santé et elle n'est heureusement pas isolée comme avait pu l'être sa mère. Elle reconnut qu'elle s'était sentie coupable de savoir sa mère seule dans son pavillon de banlieue, même si celle-ci avait toujours refusé de se rapprocher

1. Ensemble des renseignements que le thérapeute peut recueillir auprès du patient pour connaître son histoire.

de sa fille unique après le décès de son mari : « Peut-être que si nous avions vécu près d'elle, elle aurait gardé la forme. » Je lui fais remarquer qu'elle et son mari ont déménagé il y a plus de vingt ans, pour des raisons professionnelles, et que ses parents ont choisi de rester en région parisienne. Elle n'a donc pas à se sentir coupable de les avoir abandonnés, ils étaient parfaitement autonomes ensemble. Elle reconnaît que sa mère, qui avait toujours été gâtée par son mari et qui était très exigeante, lui a reproché de l'avoir délaissée après la mort de celui-ci, laissant entendre qu'elle aurait dû tout quitter pour venir vivre près d'elle. Ce qui bien entendu était injuste.

C'est donc cette culpabilité qui empêchait Jacqueline de profiter de sa vie à l'âge auquel sa mère avait perdu son autonomie et décliné. Ses insomnies nocturnes et son manque d'entrain relevaient donc d'une loyauté inconsciente vis-à-vis de cette femme. Cette loyauté impliquait aussi une intense angoisse de mort, puisqu'elle allait atteindre l'âge fatidique auquel sa mère était décédée (Jacqueline y pensait souvent). Elle préférait alors chasser cette pensée qui l'effrayait. Cette pensée refoulée rejaillissait dans ses cauchemars, elle avait l'impression d'étouffer et se réveillait en sueur et terrifiée.

La culpabilité infondée de Jacqueline l'avait empêchée de faire son deuil. La psychothérapie lui a permis d'achever ce deuil et de comprendre combien sa mère l'avait toujours culpabilisée de s'être détachée d'elle en se mariant et en vivant loin. Après cette thérapie, Jacqueline a atteint 78 ans en pleine forme, elle a repris ses activités sportives et culturelles avec son cher époux pour leur plus grand bonheur. Cette reprise lui a bien entendu donné un regain d'énergie et son mari dit maintenant en plaisantant : « Elle est difficile à suivre ! »

Si une personne âgée dort de plus en plus mal, si elle se réveille à cause de cauchemars qui la terrorisent, il convient d'aborder avec elle l'angoisse de mort. Très souvent, le fait d'en parler avec des proches, des soignants ou des conseillers spirituels pourra l'aider à prendre du recul et à s'autoriser à bien vivre les années qui lui restent.

L'âge du décès des parents de ces personnes constitue souvent un repère. Consciemment ou non, il peut marquer une sorte de compte à rebours, comme dans le cas de Jacqueline.

D'autres éléments, tels que les deuils non achevés (voir p. 121), le manque de sens à la vie, l'isolement socio-affectif, sont des facteurs dont il convient de tenir compte lorsqu'il s'agit de troubles du sommeil chez la personne âgée.

Questionnaire d'auto-évaluation des troubles du sommeil

Avant de continuer, je vous propose de faire le point sur vos troubles du sommeil. Prenez le temps de réfléchir avant de répondre. Les informations recueillies vous fourniront des pistes de réflexion et feront peut-être écho avec des cas de patients présentés dans ce livre.

Symptômes des troubles du sommeil

– Depuis quand avez-vous des troubles du sommeil ?
– Leur apparition correspond-elle à un événement précis ? À une période particulière ?
– Ces troubles sont-ils réguliers (d'une durée supérieure à trois mois et plus de trois fois par semaine) ?
– Comment dormiez-vous bébé ? Enfant ? Adolescent ?
– Dans quel contexte votre insomnie est-elle apparue ?
– Avez-vous connu d'autres périodes d'insomnie ? Si oui, dans quel(s) contexte(s) ?

Habitudes de sommeil

– Vers quelle heure vous couchez-vous en semaine ? Le week-end ou en vacances ?
– Vers quelle heure vous levez-vous en semaine ? Le week-end ou en vacances ?
– De combien d'heures de sommeil estimez-vous avoir besoin ?
– Combien d'heures dormez-vous en moyenne par nuit ?

Insomnies

– Insomnie d'endormissement : combien de temps mettez-vous à vous endormir ?
– Insomnie de milieu de nuit : combien de fois vous réveillez-vous et combien de temps mettez-vous à vous rendormir ?
– Insomnie de fin de nuit : vers quelle heure vous réveillez-vous ? Combien de temps avant l'heure présumée du lever ?
– Avez-vous la sensation de ne pas dormir ?

Souffrez-vous de somnolence excessive ou d'accès d'endormissement ?

– Avez-vous des accès de sommeil incoercibles dans la journée ?
– Avez-vous eu un ou plusieurs accidents de la circulation ou de travail liés à la somnolence ?

Votre sommeil est-il décalé ?

– Êtes-vous du soir, ce qui vous empêche de vous coucher assez tôt pour bien dormir ?
– Avez-vous des horaires de travail décalés ?

Souffrez-vous ou avez-vous souffert d'autres troubles :

– Somnambulisme ?
– Terreurs nocturnes ?
– Rêves d'angoisse récurrents ?
– Autres ?

Évaluation des troubles du sommeil

Évaluez votre trouble du sommeil en notant son intensité de 1 (la plus faible) à 10 (la plus forte).
– Intensité des troubles du sommeil : .../10.
– Qualité du sommeil : ... /10.
– Qualité de l'éveil pendant la journée : ... /10.

Indice de sévérité de l'insomnie

– Difficultés à s'endormir (1 = aucune ; 10 = beaucoup) : .../10.
– Réveils nocturnes fréquents (1 = aucun ; 10 = beaucoup) : .../10.
– Réveils précoces le matin (1 = aucun ; 10 = beaucoup).
– Considérez-vous que vos troubles du sommeil interfèrent sur votre vie quotidienne (fatigue, humeur, concentration, mémoire) (1 = non ; 10 = oui, beaucoup) : .../10.
– À quel point considérez-vous que vos troubles du sommeil interfèrent sur votre qualité de vie (1 = pas du tout ; 10 = trop) : .../10.
– À quel point êtes-vous préoccupé par vos troubles du sommeil ? (1 = pas du tout ; 10 = trop) : .../10.

Au moment de vous coucher

– Différez-vous l'heure de vous coucher de peur de ne pas bien dormir ?
– Différez-vous l'heure de vous coucher de peur de ressentir des angoisses au moment de vous endormir ?
– Pensez-vous aux angoisses qui vous réveillent plusieurs fois par nuit et vous empêchent souvent de vous rendormir ?
– Redoutez-vous de suffoquer ?

Lors de l'endormissement

– Éprouvez-vous des angoisses au moment de vous endormir ?
– Avez-vous peur du noir ?
– Imaginez-vous des monstres ou des fantômes (cela peut arriver à tout âge) ?
– Avez-vous peur de ne pas vous réveiller ?
– Pensez-vous à la mort ?
– Avez-vous la sensation d'étouffer ? Peur de ne plus pouvoir respirer ?

Lorsque vous vous réveillez dans la nuit
– Êtes-vous réveillé par un cauchemar ?
– Par l'angoisse ?
– Par la sensation d'étouffer ?
– L'angoisse vous empêche-t-elle de vous rendormir ?
– Des idées obsédantes et récurrentes vous empêchent-elles de vous rendormir ? Si oui, lesquelles ?

Antécédents familiaux
– Vos parents, vos frères et sœurs souffrent-ils de troubles du sommeil ? D'autres membres de votre famille ?

Autres informations que vous aimeriez ajouter concernant vos troubles du sommeil :

....

....

....

....

....

....

Ce que nous apprend
la psychanalyse

Sommeil et psychanalyse sont indissociables, puisque cette dernière est en grande partie fondée sur le sommeil : en effet, l'interprétation des rêves en est l'un des piliers[1]. La psychanalyse présente des pistes très intéressantes pour comprendre certains troubles du sommeil, comme vous allez le voir dans les pages qui suivent.

1. S. Freud, *L'Interprétation des rêves*, 1900.

Le traumatisme de la naissance

La naissance peut être traumatisante, comme le décrit très bien le Dr Marie Thirion : « [l'enfant] choqué par l'intensité de la lumière, les bruits inconnus, la sensation glaciale de l'air sur sa peau mouillée, la douleur des frottements du linge pour le sécher, et les intolérables odeurs de désinfectant et de parfums qui inondent la pièce. L'immense cri souvent entendu en salle de naissance n'est pas, comme on a longtemps voulu le croire, une réaction indispensable pour remplir les poumons d'air. C'est un cri de souffrance, un cri de réaction brutale à cette désagréable inondation sensorielle[1]. »

Le psychanalyste autrichien Otto Rank fut le premier à publier sur ce sujet, en 1924[2]. Pour lui, la première séparation biologique d'avec la mère était la base de l'angoisse psychique. « L'expérience de la naissance est la première émergence de la mort », écrivait Françoise Dolto[3]. Même si des angoisses de mort peuvent être vécues par la mère pendant la grossesse, notre naissance nous place directement parmi les êtres mortels. Elle renvoie à la perte : perte irrémédiable de la vie intra-utérine, perte du placenta, perte d'un monde familier. Cette notion est

1. Dr Marie Thirion, *Pourquoi j'ai faim ?*, Albin Michel, 2013, p. 106.
2. Otto Rank, *Le Traumatisme de la naissance*, 1924.
3. F. Dolto, *Parler de la mort,* Mercure de France, 1998.

essentielle, car elle structure toute notre vie, façonnée par une succession de pertes; elle réactive l'angoisse de mort. Or, nous savons que les troubles du sommeil sont souvent liés à une angoisse de mort.

Il faut distinguer le traumatisme de la naissance, lequel est incontournable, d'une naissance traumatique et brutale (risque vital pour la mère et/ou l'enfant, naissance difficile et violente, séparation précoce, etc.) susceptible de laisser des séquelles. Ce sont, dans certains cas, des naissances traumatiques qui peuvent provoquer des troubles du sommeil (voir l'exemple de Jade, p. 105).

Alors comment faire pour que la venue au monde de l'enfant se passe le mieux possible? Il est recommandé d'offrir au nouveau-né, chaque fois que c'est médicalement envisageable, un long temps de peau à peau paisible sur le ventre de la mère, en intervenant le moins possible pour ne pas perturber sa séquence active de découverte-apprentissage (le bébé soulève seul sa tête, cherche à suivre le chemin d'odeurs qui le conduit à l'aréole du sein

PEAU À PEAU ET ATTACHEMENT

Le peau à peau déclenche la production d'une hormone capitale : l'ocytocine, aussi appelée «hormone de l'amour». C'est d'ailleurs l'hormone sécrétée lors des relations sexuelles et de l'orgasme. Par ce contact sensoriel intense, par les regards échangés dans cette relation à trois, par les caresses prodiguées ou encore les mots prononcés, le peau à peau booste les sécrétions d'ocytocine chez la maman, le bébé et même le papa. Or, cette hormone a un pouvoir étonnant : celui de favoriser l'attachement, la mise en lien entre les personnes, dont nous verrons l'importance plus loin (p. 97)[4].

4. http://www.psychologies.com/Famille/Maternite/Bebe/Articles-et-Dossiers/Naissance-le-peau-a-peau/3Une-transition-en-douceur

et se met à téter). Si la mère n'est pas disponible, une autre personne, en particulier le père, peut offrir ce même temps à l'enfant en le mettant en peau à peau dans sa chemise[5]. Grâce au peau à peau, et plus encore si celui-ci est pratiqué par sa maman, la naissance est moins violente : l'oreille collée contre sa poitrine, le nouveau-né retrouve les battements d'un cœur et le son assourdi d'une voix qui l'ont bercé pendant neuf mois. Avec sa bouche et son nez, il retrouve des goûts et des odeurs qui lui sont familiers[6].

5. Dr M. Thirion, Dr M.-J. Challamel, *Le Sommeil, le Rêve et l'Enfant*, Albin Michel, « Bibliothèque de la famille », 2011.
6. http://www.psychologies.com/Famille/Maternite/Bebe/Articles-et-Dossiers/Naissance-le-peau-a-peau/3Une-transition-en-douceur

L'angoisse de mort

Elle renvoie elle aussi à une séparation irrémédiable d'avec la vie, les autres, la conscience d'être vivant. La prise de conscience de la mort est incontournable pour devenir adulte. Elle s'opère en général vers l'âge de 3 ou 4 ans et s'accompagne de questionnements et d'angoisse. L'enfant réalise que contrairement aux contes de fées ou aux dessins animés, dans lesquels des héros morts peuvent revenir à la vie, la mort des êtres humains et des animaux est irrémédiable. Il lui faut un certain temps pour se faire à cette idée (on constate souvent que certains adultes ne sont pas vraiment parvenus à l'accepter).

> La découverte de la mort est fondamentale dans la construction du psychisme humain.

J'ai pu observer un petit garçon de 2 ans et demi découvrir l'irréversibilité de la mort. En se promenant sur une route de campagne, il a découvert, sur le bas-côté, une poule morte. Lorsqu'il a demandé à sa mère si la poule « faisait dodo », celle-là a répondu : « Non, elle ne dort pas. Elle est morte. » Après quelques pas, le petit garçon est retourné voir la poule et a redemandé si elle dormait. Sa mère a fait la même réponse. Il a fallu plusieurs allers-retours pour que cet enfant admette que la poule était bel et bien morte et qu'il accepte de continuer sa promenade. Par la suite, il en a reparlé et a posé d'autres questions sur la mort.

La découverte de la mort est fondamentale dans la construction du psychisme humain. L'enfant comprend alors qu'il n'est pas tout-puissant, qu'il est mortel. La mort d'un proche, si elle est mal expliquée, peut considérablement augmenter cette angoisse et être à l'origine de cauchemars, d'insomnies ou de terreurs nocturnes.

COMMENT ABORDER LE DÉLICAT SUJET DE LA MORT AVEC UN ENFANT ?

Souvent, certains parents évitent de parler de la mort, pensant ainsi protéger leur enfant. Craignant de déclencher des réactions émotionnelles violentes auxquelles ils ne pourraient pas faire face, ils utilisent des euphémismes, c'est-à-dire des mots dont le sens est atténué pour les rendre moins choquants.

Or, on peut expliquer à l'enfant que, si l'être aimé n'est plus présent physiquement, il le sera toujours dans son cœur. Il l'accompagnera tout au long de sa vie et le protégera durant ses nuits. Les petits peuvent avoir besoin d'entendre ces mots pour libérer leur tristesse et leurs pleurs.

Mieux vaut employer des termes simples et justes qui aident l'enfant à les intégrer intellectuellement et à accepter la mort comme une réalité définitive. L'enfant a besoin d'apprendre qu'elle fait partie de la vie[1]. Il est possible de l'aborder, pour les plus jeunes, en évoquant, par exemple, les feuilles mortes tombant de l'arbre à l'automne, la mort d'un animal, autant d'occasions pour en discuter.

Le monde actuel protège les enfants de la confrontation avec la mort, cet évitement les rend plus fragiles et plus craintifs[2].

1. Voir *L'Enfant face à la mort d'un proche. En parler, l'écouter, le soutenir*, Dr Patrick Ben Soussan, Isabelle Gravillon, Albin Michel, 2006.
2. M. Freud, *op. cit.*, p. 75.

L'angoisse de séparation

Les psychanalystes d'enfants, parmi lesquels Melanie Klein, René Spitz, Donald W. Winnicott, Françoise Dolto, ont mis l'accent sur cette angoisse fondamentale et structurante pour l'enfant. En effet, il s'agit pour le bébé d'intérioriser la présence et la relation à la mère ou à la personne maternante (c'est-à-dire la personne qui prend soin de l'enfant) pour être capable d'accepter son absence. Cette angoisse d'abandon s'inscrit donc, au regard de la théorie psychanalytique, dans le processus d'individuation, processus qui aboutit à la prise de conscience que l'on est distinct et différent des autres, qu'on est soi-même une personne entière et indivisible. L'angoisse de séparation est donc un élément important de la construction du psychisme humain.

> De la naissance au sixième mois

Il s'agit d'une phase de dépendance absolue. Le bébé a avant tout besoin d'amour et de lait, de présence maternelle ou d'une figure maternante, surtout dans les semaines qui suivent la naissance, avant le troisième mois. Sa vie (ou sa survie) dépend totalement de sa mère et il n'a pas conscience d'être différent d'elle ou des personnes qui l'entourent. Si certains auteurs qualifient de fusionnelle la relation mère-enfant au cours des tout premiers mois de la vie, je dirais plutôt que le bébé a besoin d'intérioriser une présence affective sécurisante pour instaurer un sentiment de sécurité de base (on parle d'attachement « sécure ») qui lui permettra de se détacher et de s'individuer, de devenir une « petite personne » à part entière. Au cours de la vie intra-utérine, le bébé était paradoxalement plus autonome, puisqu'il n'avait pas besoin que l'on assouvisse ses besoins (nourriture, chaleur, présence...).

> Après le sixième mois

Cette période est décisive pour l'individuation de l'enfant. Si l'environnement n'est pas sécure (du fait de carences, de traumatismes divers), l'enfant ne pourra pas éprouver un sentiment de sécurité de base favorisant son autonomie. Cette position dépressive est somme toute une phase cruciale pour que le bébé puisse accéder à une perception de son existence propre, distincte de ses proches et notamment de sa mère.

C'est au cours de cette période que le bébé manifeste une réticence vis-à-vis des inconnus et que surgissent des angoisses dépressives, notamment la peur que sa mère meure ou disparaisse (angoisse d'abandon). Il se différencie progressivement de sa mère et de son entourage, il n'attend plus la satisfaction magique de ses besoins, ce qui favorise l'émergence du processus d'individuation. La position dépressive s'inscrit dans ce processus de défusion, c'est-à-dire que le bébé perçoit qu'il est différencié de son entourage et notamment de sa mère.

Les travaux des psychanalystes d'enfants sur cette période cruciale qu'on appelle souvent « l'angoisse du huitième mois » ont permis que les professionnels de la petite enfance et de la pédiatrie fassent en sorte que toute séparation de la mère (crèche, assistante maternelle...)

soit préparée par une adaptation (comme nous l'avons vu p. 55).

Loriane, entre angoisse d'abandon et angoisse de mort

Loriane, 9 ans, est une petite fille vive et souriante. Elle vient accompagnée de sa mère parce qu'elle a des terreurs nocturnes depuis l'âge de 2 ans ; avant cet âge, elle confondait le jour et la nuit en dormant le jour et restant éveillée la nuit, et n'a donc jamais dormi normalement. Sa mère et son beau-père sont épuisés. Loriane pleure et crie toutes les nuits, debout dans son lit, pendant environ un quart d'heure, puis elle se recouche. Et le matin, elle ne se souvient de rien.

Lorsque j'interroge Lucie, la maman, sur sa grossesse, elle manifeste une certaine émotion et demande à me parler seule à seule. Loriane accepte volontiers d'aller dans la salle d'attente. La jeune femme m'explique alors qu'elle a vécu une grossesse très difficile et angoissée ; en effet, alors que son compagnon désirait comme elle avoir un enfant, il a changé du tout au tout dès qu'elle a été enceinte. Il a commencé à sortir avec ses copains et parfois même ne rentrait pas de la nuit : « J'en ai passé des nuits à l'attendre et à pleurer. » Il n'a pas assisté à la naissance de sa fille, trop pris par son travail. Et lorsque Lucie est rentrée de la maternité, l'appartement était jonché de boîtes de pizza et de cannettes de bière vides. Elle a tout fait pour recoller les morceaux de son couple, espérant que son compagnon passe sa crise d'adolescence tardive. Deux ans à l'attendre, deux ans à pleurer.

Je pense tout de suite à un lien entre les pleurs de Loriane lors de ses terreurs nocturnes et les nuits passées par Lucie à pleurer en attendant son compagnon. Lorsqu'il rentrait tardivement, Loriane dormait la plupart du temps avec sa mère ; même si elle avait du mal à s'endormir, ce contact la rassurait. En fait, mère et fille se rassuraient mutuellement. Jusqu'au jour où Lucie a décidé de quitter son conjoint.

Loriane a fait des convulsions au cours de la semaine qui suivit. Ces convulsions semblaient résulter de l'angoisse qu'elle ressentait à cause de la séparation de ses parents. Lucie a eu très peur lorsque sa fille a convulsé. Ce risque vital l'a renvoyée à l'AVC qui l'avait plongée dans le coma quand elle avait 18 ans, un accident dont elle s'était miraculeusement remise. Notons l'analogie entre le sommeil et le coma. La jeune femme est encore effrayée lorsqu'elle évoque cet AVC, elle se considère comme rescapée, mais redoute que cela ne se reproduise. On peut donc faire l'hypothèse que :

– d'une part, Loriane a absorbé la détresse ressentie par sa mère lorsque son père les a délaissées ;

– et que, d'autre part, elle a très probablement perçu l'angoisse de mort de sa mère, provenant de son AVC, survenu à un âge où l'on se soucie généralement peu de sa santé. En effet, quinze années après ce traumatisme, Lucie redoute encore et toujours que cela ne se reproduise. Son angoisse de mort est donc sous-jacente en permanence.

Le grand-père maternel de Loriane était un homme très volage et il a lui aussi délaissé son épouse lorsqu'elle attendait Lucie, puis tout au long de l'enfance de leur fille. Celle-ci a donc inconsciemment reproduit le même scénario : devenir mère en étant abandonnée par le père de l'enfant qu'elle attendait. La situation est similaire du côté paternel, puisque le grand-père paternel de Loriane a également quitté sa femme et ses enfants, après moult frasques, lorsque son père avait 10 ans. Dans cette famille, l'abandon semble donc malheureusement se transmettre au fil des générations.

Loriane revoit régulièrement son père depuis quelques années et leurs relations sont bonnes, même si elle ne l'a pratiquement pas vu dans sa petite enfance. Une seule séance a suffi pour que cette petite fille intelligente et pleine de vie passe des nuits sereines. Au cours de la psychothérapie, elle a pu prendre conscience de ce qu'elle avait vécu avec sa mère, combien elle avait partagé sa détresse. Pendant une séance d'haptonomie (voir p. 192), elle a pu ressentir ce qu'elle avait éprouvé lorsqu'elle était bébé, tant dans le ventre de sa maman qu'après sa naissance. Elle a perçu qu'elle n'était pas responsable de ce que sa mère avait enduré et des problèmes de couple de ses parents. Elle m'a dit à la fin de la séance : « Moi je vais bien, je suis en forme », se délestant probablement de l'angoisse de mort projetée sur elle par sa mère.

Lorsque je l'ai revue deux semaines plus tard, elle m'a annoncé, d'emblée : « Ça y est je dors bien, je ne les embête plus », ce que sa mère a confirmé avec un grand sourire : « Oui, nous pouvons enfin dormir ! » Lors de la séance, Loriane a tout simplement expliqué : « C'est parce que j'absorbais les angoisses de maman que j'avais des terreurs, maintenant, je ne les prends plus. » Très souvent, les symptômes des enfants relèvent de la problématique des parents. Dans le cas de Loriane, l'angoisse d'abandon et l'angoisse de mort s'enchevêtraient. En effet, sa mère avait été victime d'un AVC à 18 ans, alors qu'elle était sur le point de quitter sa famille, et surtout sa propre mère, qu'elle avait beaucoup soutenue lorsque son mari la délaissait. On peut d'ailleurs s'interroger sur la cause d'un AVC aussi précoce : peut-être est-il survenu pour empêcher Lucie de quitter sa mère, qui n'était pas prête à voir sa fille quitter le nid. Cet AVC d'une part a retardé son départ, et d'autre part l'a inconsciemment maintenue dépendante de sa mère, de laquelle elle restait à proximité, au cas où un autre accident se produirait.

La jeune femme a d'ailleurs décidé de suivre une thérapie, consciente que tout comme sa fille il est grand temps qu'elle se déleste de ce fardeau. Loriane continue à passer des nuits paisibles et a gagné en autonomie. Ses résultats scolaires se sont considérablement améliorés, très certainement parce qu'elle est psychologiquement plus disponible et donc en mesure de se concentrer.

Sommeil et pulsion de mort

> Le sommeil est le frère jumeau de la mort.
> **Homère**

Dans la mythologie grecque, Thanatos représente la mort. Il est le fils de Nyx (la nuit), qui l'a conçu seule. Il est le frère jumeau d'Hypnos, le sommeil. On constate donc que certains de nos mythes fondateurs considèrent que le sommeil et la mort sont des jumeaux issus de l'union de la nuit et de la mort.

Il en va de même pour la théorie psychanalytique, selon laquelle le sommeil correspond à la pulsion de mort, thanatos s'opposant à éros, pulsion de vie. Le sommeil renvoie à une forme de mort : inactivité inconsciente, perte de contrôle. On parle d'ailleurs de « dernier sommeil » lorsqu'on évoque la mort. On peut comprendre que l'insomniaque évite l'expression de la pulsion de mort en ne dormant pas. Moins il dort, plus il a l'impression d'être en vie. Ce qui est bien entendu paradoxal puisque si l'on ne dort pas on vit très mal, on tombe malade et on peut même en mourir. Les psychanalystes et psychothérapeutes confrontés à des bébés qui ne dorment pas le savent : en ne dormant pas, les enfants répondent souvent à l'angoisse des parents en les rassurant : « Puisque je ne dors pas, je suis vivant, je te rassure. »

La théorie de l'attachement

Les études sur l'attachement constituent une branche spécifique de la psychanalyse, qui a divergé pour s'orienter vers les neurosciences. La théorie de l'attachement a révolutionné les rapports entre parents et enfants. En expliquant l'importance du lien entre le nouveau-né ou le jeune enfant et ses parents, elle a, entre autres, contribué à ce que l'on favorise les hospitalisations mère-enfant, afin de prévenir les effets délétères des séparations précoces. Elle a également permis de mettre en place une période d'adaptation lors de l'admission du bébé en crèche ou chez une assistante maternelle afin qu'il ne perde pas ses repères et vive au mieux la séparation.

Le père de la théorie de l'attachement, John Bowlby (1907-1990), fut d'abord psychologue et biologiste, avant de devenir médecin psychiatre et psychanalyste. Son parcours original est à souligner puisqu'il a fondé sa théorie[1] à la jonction entre la psychanalyse et l'éthologie, entre psyché et soma, ce qui à l'époque était très novateur. Lorsqu'il travaillait à l'Institut de psychanalyse de Londres avec Melanie Klein, il n'était pas satisfait par les réponses

1. J. Bowlby, *Attachement et perte 1. L'attachement*, Puf, « Le Fil rouge », 2002 ; *Attachement et perte 2. La séparation, angoisse et colère*, Puf, « Le Fil rouge », 2007 ; *Attachement et perte 3. La perte, tristesse et dépression*, Puf, « Le Fil rouge », 2002.

apportées par la psychanalyse quant au fonctionnement psychique du bébé.

C'est donc vers la fin des années 1950, après des recherches menées auprès d'orphelins, qu'il put présenter la théorie de l'attachement qui postule qu'un jeune enfant a besoin de développer une relation d'attachement avec une personne qui prend soin de lui dans la continuité. Bowlby travaillera toute sa vie à l'élaboration de cette théorie. Il fut critiqué par de nombreux psychanalystes qui lui reprochaient d'oublier l'existence « d'un monde interne ». Bowlby considérait quant à lui que la théorie analytique était utilisée de manière abusive, car elle ne se référait pas assez aux idées logiques et scientifiques modernes.

Un jeune enfant a besoin de développer une relation d'attachement avec une personne qui prend soin de lui dans la continuité.

Entre 1960 et 1980, il élabora sa grande trilogie *Attachement et perte*, qu'il conclut ainsi : « Les attachements intimes envers les autres êtres humains sont le pivot autour duquel tourne la vie d'un individu, non seulement lorsqu'il est un nourrisson, un tout petit enfant ou un écolier, mais aussi tout au long de son adolescence et de ses années de maturité, et durant sa vieillesse. De ces attachements intimes l'individu tire sa force et sa joie de vivre, ce qui lui permet d'apporter force et joie aux autres. Ce sont là des sujets sur lesquels la science actuelle et la sagesse traditionnelle sont d'accord[2]. »

Il convient de souligner que les attachements intimes, sur lesquels Bowlby base sa théorie, sont bien entendu des attachements précoces : entre un nouveau-né et sa mère, son père ou une figure parentale. L'expérience précoce de l'attachement persiste toute la vie. La perte prématurée de l'objet d'attachement est susceptible de générer des

2. *Attachement et perte 3, op. cit.*

émotions perturbatrices à tous les âges de la vie. Cette théorie a révolutionné le champ de la psychologie, elle est primordiale dès qu'on aborde les relations humaines et le développement psychoaffectif de l'enfant (il faut se souvenir qu'au début des années 1970 le mot « affectivité » était pratiquement absent des ouvrages et des recherches traitant de psychologie clinique ou de psychanalyse).

Comme on l'a vu, la prise en compte des liens affectifs dans le champ de la psychologie a commencé à la fin de la Seconde Guerre mondiale. De nos jours, la notion d'affectivité est omniprésente dans les recherches et conceptualisations psychologiques et psychanalytiques.

> La sécurité de base

Pour connaître un développement émotionnel et social normal, un jeune enfant a besoin de développer une relation d'attachement avec au moins une personne qui prend soin de lui de façon cohérente et continue, créant ainsi un sentiment de sécurité de base (appelé aussi « attachement sécure »). Ce lien est fondé sur les besoins de l'enfant en termes de sécurité, de protection et de soins, en particulier pendant la petite enfance. Cette théorie sous-tend que l'enfant s'attache instinctivement à la figure maternante (en général sa mère, qu'il reconnaît et privilégie entre tous dès la naissance) afin d'assurer sa survie. Ainsi, le résultat biologique de l'attachement est l'accroissement des chances de survie, et le résultat psychologique est l'instauration d'un sentiment de sécurité de base.

L'attachement exerce une action calmante, car la mère fait ressentir à son bébé, par sa présence sécurisante, que les expériences instinctuelles ne sont pas nécessairement destructrices, qu'il ne va pas être submergé, englouti par la faim, la soif, le froid, parce que sa mère viendra le soulager. Dès lors, le danger, la peur, la douleur, déclenchent les comportements d'attachement (le bébé recherche le contact avec sa mère) afin d'être protégé, en sécurité. L'angoisse de l'enfant diminuera avec l'âge[3].

C'est à Mary Ainsworth, psychologue canadienne, que l'on doit la notion de sécurité de base qui fut ensuite largement reprise pour la compréhension des conséquences de l'attachement[4]. En effet, lorsqu'un jeune enfant a eu la chance de vivre une expérience primaire d'attachement sécure et durable (c'est-à-dire lorsqu'il a expérimenté qu'il peut compter sur son parent lorsqu'il en a besoin : tendresse, consolation, soins, etc.), il pourra l'éprouver durant toute sa vie. Ce sentiment de sécurité de base est fondé sur l'expérience essentielle d'être accueilli et aimé de manière inconditionnelle et de se sentir soutenu par la présence sécurisante de ses proches.

Comme j'aime à le dire : « Nous soutenons nos enfants pour qu'ils se portent eux-mêmes. » L'instauration de l'attachement sécure et de la sécurité de base permet le détachement, c'est-à-dire la capacité à être autonome tout en maintenant des liens affectifs. L'attachement sécure va de pair avec le détachement, il en est même l'enjeu, puisqu'il ne peut y avoir de détachement sans attachement sécure.

> En France, un tiers des enfants n'ont pas pu instaurer un sentiment d'attachement sécure.

Les premiers théoriciens de l'attachement considéraient que la période sensible de l'attachement s'étendait entre l'âge de 6 mois et l'âge de 4 ans. Si l'on peut effectivement constater qu'après 4 ans un enfant ayant vécu un attachement sécure sera à même de bien supporter la séparation, on sait aujourd'hui que le nourrisson perçoit dès sa naissance le manque de sa mère et

3. D. W. Winnicott, *L'Enfant et sa Famille*, Payot, « Petite Bibliothèque Payot », 1965.
4. Pour en savoir plus, lire Y. Wiart, *L'Attachement, un instinct oublié*, Albin Michel, 2011.

de son père, dont l'empreinte affective et biologique remonte à la période prénatale (il distingue la voix de ses parents, l'odeur de sa mère parmi d'autres, et privilégie leur contact dès sa naissance). Même s'il est confié précocement et durablement à une figure maternante sécurisante (des grands-parents, une nourrice, etc.), il ressentira le manque et la détresse indicibles de ne plus être en contact avec sa mère et son père. Les recherches en neurosciences le démontrent et la pratique clinique le confirme, la mère et le père sont les figures d'attachement essentielles pour l'instauration d'un sentiment de sécurité de base que je qualifierai de « minimum vital » pour tout être humain.

Boris Cyrulnik, neuropsychiatre et chef de file du courant de l'éthologie humaine, s'inscrit dans la lignée des travaux de John Bowlby[5]. Il avance que, en France, un tiers des enfants n'ont pas pu instaurer un sentiment d'attachement sécure, et par là même un sentiment de sécurité de base. Ces enfants présentant un attachement insécure sont répartis entre différents types d'insécures, à savoir :

– insécure évitant : l'enfant paraît peu affecté par la séparation et évite la proximité d'avec sa mère lorsqu'il la retrouve ;

– insécure ambivalent-résistant : l'enfant montre de la détresse lors de la séparation, mais mélange contact et rejet lors de la réunion avec sa mère ;

– insécure désorganisé : l'enfant a un comportement incohérent, il est débordé par l'angoisse et n'arrive pas à trouver de soulagement à sa détresse[6].

Il va de soi que l'attachement sécure permet le détachement et le processus d'individuation (voir p. 89), puisque

5. *Op. cit.*, note 1 page 97.
6. Travaux du Groupe de recherche en éthologie clinique, université Toulon-Sud, dirigés par B. Cyrulnik et présentés au Colloque de ASP 2012.

l'enfant a intégré en lui l'expérience et la permanence d'un lien affectif sécurisant. Bien entendu, toutes les personnes n'ayant pas eu la chance de développer un attachement sécure ne souffriront pas forcément de troubles du sommeil. D'autres symptômes tels que les troubles du caractère, les états dépressifs, les syndromes «borderline» et les somatisations sont également des conséquences de cette carence affective précoce.

Néanmoins, lorsque nous sommes confrontés à un trouble du sommeil sévère, il convient d'explorer cette base de la structuration de l'individu qu'est son expérience d'attachement. Il sera entre autres judicieux de chercher à savoir s'il y a eu des séparations précoces traumatiques – couveuse, hospitalisation, absence impromptue des parents –, de même qu'il conviendra de cerner le lien d'attachement, sécure ou non, vécu par la personne au début de sa vie. En conclusion, je dirai que l'expression «s'abandonner au sommeil» est très explicite : «Si j'ai peur d'être abandonné, je ne peux pas m'abandonner.»

Pour illustrer comment un attachement perturbé peut provoquer des troubles du sommeil, voici les exemples de quatre de mes patientes.

Lili-Rose, un attachement perturbé

Lili-Rose, 2 ans et demi, est accompagnée par sa mère et son père, qui ont tenu à venir consulter ensemble, car ils n'en peuvent plus. Lili-Rose n'a jamais bien dormi et cela fait plus de deux ans qu'ils n'ont pas eu une nuit entière. Ils sont exténués parce qu'elle les réveille plusieurs fois par nuit. Ils ont consulté un pédiatre, qui n'a constaté aucun problème physique et qui leur a conseillé un rituel d'endormissement : histoire, berceuse, câlin pour que leur fille se sente «nourrie» pour la nuit. La séparation le soir se passe un peu mieux pour l'endormissement, mais Lili-Rose continue de se réveiller en pleurs et fait des cauchemars tellement terrifiants qu'elle ne peut pas se rendormir seule. Ses parents passent donc une partie de leur nuit auprès d'elle. Même si cette petite fille est à l'âge où il est habituel de faire des cauchemars, il n'est pas normal qu'ils perturbent autant son sommeil et celui de ses parents.

Lili-Rose a également du mal à accepter les séparations. Lorsque son père ou sa mère l'accompagne à la crèche, elle pleure, s'accroche à son parent, ça n'en finit pas. Dans la journée, les personnes qui s'occupent d'elle la trouvent en retrait, elle ne prend pas autant de plaisir à participer aux activités que les autres enfants. Ces deux éléments – troubles du sommeil et angoisse de séparation – m'amènent à penser à un trouble du processus d'attachement précoce. L'anamnèse[7] confirmera cette hypothèse.

Lili-Rose est née par césarienne programmée, car elle se présentait en siège[8]. Sa mère a subi une anesthésie générale, ce qui aujourd'hui est assez rare, car les césariennes se font en général sous péridurale, ce qui permet à la mère d'accueillir son bébé dès la naissance. Même si leur rencontre peut être écourtée, ils ont le temps de faire connaissance. D'autre part, en général, le père prend le relais et le bébé reste en sécurité auprès d'un de ses parents. Dans le cas de Lili-Rose, ce fut bien différent, car non seulement sa mère n'a pu la voir que six heures après la césarienne, mais de plus son père n'a pu la rencontrer qu'une heure après sa naissance. Ce délai était dû à un dysfonctionnement du service, personne n'ayant proposé au père d'accueillir son bébé juste après sa venue au monde. Lorsqu'il l'a retrouvée, Lili-Rose était habillée et dans une couveuse. Il l'a prise dans ses bras, puis l'a replacée dans la couveuse, restant près d'elle en attendant le réveil de sa femme.

Une heure, cela peut sembler dérisoire, mais pour un nouveau-né séparé de sa mère, c'est une éternité. Lili-Rose n'a pu ressentir

7. Ensemble des renseignements que le thérapeute peut recueillir auprès du patient pour connaître son histoire.

8. Même s'il est fréquent qu'une césarienne soit programmée, j'insiste sur le fait qu'il convient de prévenir le bébé avant cet acte chirurgical qui risque de le prendre au dépourvu, alors qu'il est tranquillement dans le giron de sa mère ; on ouvre et prend l'enfant qui peut vivre cette séparation comme une violence, dans la mesure où il n'a pas déclenché sa naissance et que les contractions ne l'ont pas préparé à venir au monde. Comment faire ? En lui parlant, en lui expliquant ce qui va se passer, que sa venue sera différente de ce qui était prévu, mais qu'il ne court aucun danger et que ses parents sont très heureux de l'accueillir.

le peau à peau, si essentiel après la naissance, elle n'a pas été touchée et regardée par son parent, elle n'a pas pu développer le réflexe de fouissement, c'est-à-dire trouver le sein de sa mère et s'y attacher. Elle est née « toute seule » et n'a pas pu vivre un attachement postnatal sécurisant. On peut parler dans son cas de séparation traumatisante à la naissance. Les parents sont d'ailleurs émus lorsqu'ils évoquent cet épisode. La jeune mère finit par dire : « C'est sûr, j'ai raté quelque chose, j'ai retrouvé un bébé en pyjama, je n'ai pas pu faire connaissance avec elle peau à peau. »

Pendant l'entretien, Lili-Rose joue avec un poupon qui est dans mon cabinet. Elle refait sans cesse le même geste, un geste de toilette efficace, essuyant avec insistance la tête du bébé, puis, reposant le poupon, elle recommence et ainsi de suite. Par ce jeu compulsif, il me semble qu'elle met en scène les soins qu'elle a reçus après la naissance. Même si ces soins ont été bienveillants et professionnels, ils n'en ont pas moins été ressentis comme dénués d'affectivité, puisqu'elle était séparée de ses parents. Je lui fais part de mon interprétation, qui semble la toucher, puisqu'elle me regarde en hochant la tête, arrête le jeu et va se blottir sur les genoux de sa mère.

Un autre élément de l'anamnèse attire mon attention. À l'âge de 8 mois[9], Lili-Rose a été confiée à ses grands-parents maternels pendant quinze jours, parce que ses parents n'avaient pas de mode de garde. Ses grands-parents maternels vivant à plus de mille kilomètres elle les connaissait peu. Sa mère s'en souvient : « Elle n'a fait que pleurer, mes parents n'en pouvaient plus. » Quand on sait l'impact que peut avoir une séparation mal préparée à cette période de la vie, on peut supposer que Lili-Rose a à nouveau vécu un véritable « arrachement » traumatique et non pas un détachement. Ces deux éléments mis bout à bout expliquent pourquoi cette petite fille a du mal à s'adapter à la crèche : toute séparation d'avec ses parents ravive l'angoisse d'abandon qu'elle a éprouvée après sa naissance et à l'âge de 8 mois.

9. Voir l'angoisse du huitième mois, p. 56.

Nous lui racontons ensemble ce qui s'est passé et combien elle a eu peur d'être abandonnée lors de ces deux moments cruciaux de sa vie. Lili-Rose écoute attentivement. Je propose alors aux parents de poursuivre cette séance chez eux. Je leur suggère de reprendre l'histoire dans un contexte de tendresse sécurisante, Lili-Rose blottie sur leurs genoux, et de lui montrer des photos de sa naissance et d'elle lorsqu'elle était bébé. En lui disant qu'elle est en sécurité, qu'elle peut compter sur eux, qu'elle est dans leur cœur et qu'elle peut les garder dans son cœur ; qu'ils seront toujours là pour elle et qu'elle peut dormir en toute sécurité. C'est effectivement ce qu'ils ont fait dès le lendemain : la petite fille a écouté en se blottissant dans leurs bras, elle a beaucoup regardé les photos, comme si elle s'en imprégnait.

Depuis Lili-Rose ne se réveille plus la nuit, même si elle essaie de se glisser furtivement dans le lit des parents vers 6 heures du matin, mais cette attitude est normale (la plupart des enfants de cet âge essaient de gagner le territoire du lit parental). Ses parents peuvent enfin dormir. D'autre part, Lili-Rose passe de bonnes journées à la crèche, ce qui confirme que le processus d'attachement-détachement sécure peut enfin s'opérer.

Jade ou l'angoisse d'abandon

Jade a 9 ans. Elle vient accompagnée par sa mère. C'est une petite fille qui dort mal et qui ressent une angoisse massive à l'idée d'aller se coucher. Elle a peur du noir, peur d'être dans son lit. Ses parents consacrent chaque soir entre une et deux heures à son endormissement : ils restent à son chevet jusqu'à ce qu'elle s'endorme, ce qui prend beaucoup de temps. Elle se réveille souvent la nuit et, là encore, son père ou sa mère doit la rassurer pour qu'elle puisse se rendormir.

Jade souffre de cette situation. Tout d'abord parce qu'elle est angoissée et fatiguée, mais aussi parce qu'elle est consciente de ce que vivent ses parents ; elle se sent coupable de les empêcher de dormir. De plus, elle n'est pas en mesure d'aller dormir chez une copine, et elle a dû refuser de partir en classe verte. Elle voudrait vivre une vie de petite fille normale. Ses parents l'ont déjà emmenée chez un pédopsychiatre, sans résultat. Ils ont également essayé les médecines douces, sans résultat. Jade a néanmoins accepté de venir me consulter, sans toutefois trop y croire ; elle montre une réelle bonne volonté à tenter de surmonter ses troubles du sommeil.

L'anamnèse de Jade révèle qu'elle est née à terme, après un accouchement normal. Néanmoins, une malformation de l'œsophage détectée peu de temps après la naissance a nécessité une opération en urgence : cette malformation, en plus d'une difficulté à digérer, pouvait provoquer une fausse route et donc un étouffement. Jade a été transférée dans un service de chirurgie pédiatrique dans les heures qui ont suivi sa naissance, sans pouvoir se poser en toute sécurité dans les bras de sa mère, entre ses deux parents. Il va de soi que le besoin primordial d'un nouveau-né, après la séparation traumatique et nécessaire qu'est la naissance, est de se blottir sur le sein de sa mère, et de vivre le processus d'attachement sécure en contact avec sa peau, le sein maternel sécrétant des hormones d'attachement (voir p. 84), de téter, de ressentir ainsi une continuité entre la vie intra-utérine et la présence aimante de ses parents. Or Jade et ses parents n'ont pas eu le temps de vraiment se rencontrer, puisque le bébé a été immédiatement hospitalisé. Son père l'a bien entendu accompagnée, et sa mère s'est retrouvée toute seule, rongée par l'angoisse.

Après l'intervention – une réussite –, Jade a été hospitalisée pendant quelques jours en soins intensifs. Sa mère a pu rester avec elle mais n'a pas pu la prendre dans ses bras pendant toute la durée du séjour dans ce service. Jade est ensuite passée dans une chambre mère-enfant et ses parents ont pu rester auprès d'elle. Ils ont quitté l'hôpital lorsque Jade avait près de 3 semaines, avec pour consigne de bien surveiller les éventuelles fausses routes afin de prévenir le risque d'étouffement, surtout pendant son sommeil. Bien entendu, cette consigne a été suivie à la lettre par ses parents et notamment sa mère, qui n'a pratiquement pas dormi afin de veiller son bébé, et surtout d'être rassurée : « J'ai tellement eu peur pour mon bébé... Cette peur n'a cédé que lorsque Jade a eu 2 ans et que le risque de mort subite du nourrisson s'est éloigné. J'ai repris le travail et un rythme de sommeil normal. Mais malheureusement Jade a continué à mal dormir. »

Les parents de Jade ont vécu une expérience traumatisante et angoissante lors de l'hospitalisation, de l'opération, et pendant la période qui a suivi. Un bébé séparé précocement de sa mère – et qui plus est opéré d'urgence – vit très certainement une expérience traumatique chaotique. Cette séparation brutale ne peut qu'instaurer un sentiment d'abandon engendrant une angoisse massive. On sait qu'un bébé séparé trop longtemps de sa mère peut connaître un sentiment de marasme, d'anéantissement, pouvant même aboutir à un syndrome d'hospitalisme[10]. Le père puis la mère de Jade sont restés près d'elle autant que possible, mais Jade a très certainement ressenti une angoisse d'abandon, assortie de l'angoisse de mort éprouvée par ses parents. Rappelons que le processus d'attachement s'instaure dès la naissance. Le nouveau-né a besoin du contact peau à peau avec sa mère, de son odeur, de son sein. Or, s'il se retrouve isolé, et subissant des soins qu'il perçoit comme agressifs, même s'il va de soi qu'ils sont indispensables, il lui sera par la suite bien difficile de se remettre d'un tel traumatisme. De plus, la surveillance anxieuse de sa mère lors de ses deux premières années de vie, notamment pendant son sommeil, n'a pas favorisé chez Jade l'instauration d'un sentiment de sécurité de base. Heureusement, Jade est venue au monde au sein d'une famille aimante, ce qui lui a permis de bien se construire; cette petite fille de 9 ans est épanouie et souriante et elle irait bien si ce n'étaient ses problèmes d'endormissement et de sommeil.

Lors de l'entretien, Jade se montre très motivée : elle veut dormir, elle veut être comme ses copines et vivre normalement. Elle sait que c'est sûrement à cause de sa malformation et de son opération qu'elle est très angoissée. Elle me dit : « Tu sais, j'étais pas comme les autres bébés, j'avais une "déformation", c'est pour ça que j'ai été opérée. » Jade signifie qu'elle se sent coupable d'avoir été « malformée » et que c'est sûrement pour ça qu'elle n'est pas comme les autres. Il est courant que les enfants malades se sentent coupables de leur maladie, sorte de punition divine; puisqu'ils n'ont pas la possibilité d'être comme les autres enfants, c'est qu'ils ont fait quelque chose de mal, ou qu'ils n'ont pas le droit de vivre normalement. Jade n'avait jamais parlé de

10. Troubles psychosomatiques présentés par un jeune enfant à la suite d'une hospitalisation prolongée, qui le prive des relations affectives avec sa mère (*Le Petit Robert* 2012, p. 1 251).

cette croyance à ses parents, pour ne pas leur faire de peine. Plusieurs séances de psychothérapie, basées sur le dessin et l'haptonomie (voir p. 192), ont permis à Jade de s'en débarrasser et de vivre comme les autres enfants, sans angoisses nocturnes ou de séparation. Elle est épanouie, son histoire postnatale est à présent assimilée et acceptée.

Elena ou l'angoisse de mère en fille

Elena, 28 ans, a deux fils âgés respectivement de 2 ans et 3 mois. Elle est mariée et a décidé de se consacrer principalement à l'éducation de ses enfants. Elle pense reprendre son métier de manager dans l'hôtellerie dans quelques années. Elle consulte un peu par hasard, parce qu'une de ses amies l'a entraînée à une des conférences sur le sommeil que j'ai données dans sa région. En effet, Elena dort très mal depuis sa première grossesse, alors qu'elle passait de bonnes nuits avant, même si, comme elle le précise, elle a toujours été stressée. Elena, elle aussi, a tout tenté pour mieux dormir, mais sans effet.

Elle est le premier enfant d'un couple uni, et a deux frères âgés respectivement de 22 et 18 ans. Ses parents l'ont vivement désirée, c'est du moins ce qu'elle croit. Elle est, comme elle dit, « l'enfant de l'amour ». Jusqu'ici tout allait bien, du moins jusqu'à sa naissance, qui a été très longue, et surtout avant la dépression post-partum de sa mère. Deux jours après la naissance de cette belle petite fille, sa mère a en effet sombré dans une profonde dépression dont elle ne s'est jamais vraiment remise. Il ne s'agissait donc pas vraiment d'une dépression du post-partum, mais plutôt d'une dépression déclenchée par la naissance de sa fille. Elle n'a pas pu l'allaiter et c'est surtout son père qui a pris soin d'elle : « Heureusement qu'il était là, prévenant et attentif, sans lui ça aurait été terrible. » Sa mère, encore malheureusement dépressive, est suivie par un psychiatre : « Je l'ai toujours vue prendre des médicaments. » Elle se souvient l'avoir souvent entendue dire à son père : « Occupe-toi des enfants, je n'y arrive pas », et elle restait couchée toute la journée. Elena évoque ce souvenir les larmes aux yeux : « Même si je sais que ce n'est pas de ma faute, j'ai toujours eu l'impression d'avoir gâché sa vie, sa santé. »

Julia, la mère d'Elena, est née dans un petit village de Sicile, dans une famille pauvre. Elle est la deuxième, venant après un garçon (ses parents auront en tout dix enfants, tous vivants). En tant que fille aînée, elle s'est avant tout occupée de ses frères et sœurs. Arrivée après un fils aîné adulé, elle n'a pas vraiment été accueillie, pas plus d'ailleurs que ses autres frères et sœurs. Lui seul était choyé par la mère, et Julia a passé son enfance et son adolescence à s'occuper des enfants que ses parents faisaient tous les ans ou tous les dix-huit mois. Bien entendu, l'argent manquait et elle n'a pas toujours mangé à sa faim. Son père était alcoolique et gaspillait le peu qu'il gagnait, sa mère passait son temps à se plaindre et se déchargeait sur sa grande fille, car « elle n'en pouvait plus de cette vie ». Nous sommes dans la Sicile rurale des années 1960, et le récit de l'enfance de Julia ressemble à un film italien néoréaliste.

Julia a rencontré son futur mari, Piero, à l'âge de 15 ans. Il passait ses vacances dans son village et était issu d'une famille aisée. Ils se sont mariés lorsqu'elle a eu 18 ans. Ce mariage était pour Julia la fin de son esclavage domestique. Le jeune couple s'est installé chez les parents de Piero, qui finissait ses études – il n'avait que 20 ans. Si ses beaux-parents n'avaient pas manifesté une joie démesurée à l'annonce de ce mariage, ils se sont révélés encore bien plus intolérants dès que la jeune femme s'est trouvée chez eux ; ils n'avaient de cesse de l'humilier, lui reprochant son origine sociale, son manque d'éducation, et la traitant comme une domestique. Piero était absent dans la semaine et n'a eu connaissance que beaucoup plus tard de ce que Julia avait enduré.

Dès que Piero a eu terminé ses études, le jeune couple a enfin pu vivre loin de la belle-famille. Pour Piero, qui avait alors 25 ans, il était temps de fonder une famille, et ils ont donc décidé de concevoir leur premier enfant. En fait, Julia ne pouvait pas dire à son mari adoré qu'elle ne voulait pas d'enfants, en tout cas pas tout de suite, et peut-être même jamais. Il semblait impossible dans la Sicile traditionnelle, même au début des années 1980, qu'elle ne désire pas être mère : elle serait passée pour une dépravée, une femme de peu de valeur, car si l'on se mariait c'était pour avoir des enfants.

Elle a donc consenti à devenir mère, pour ne pas déplaire. Elle qui n'avait jamais été valorisée ne pouvait pas décevoir l'homme qu'elle aimait et qui lui prodiguait tant d'amour. C'est donc dans ce contexte qu'Elena a été conçue. Cette maternité consentie, mais cependant forcée, et surtout la naissance d'Elena ont donc été le facteur déclenchant d'une dépression dont Julia ne s'est jamais remise. On peut comprendre qu'après avoir vécu une enfance sans enfance, sacrifiée au maternage et à l'éducation de ses petits frères et sœurs, elle n'était pas disponible pour sa propre maternité. Elle avait avant tout besoin d'être choyée par son mari. Et c'est ce qui s'est produit, puisque Piero a accepté par amour de s'occuper de sa jeune épouse et de son bébé. Julia passait une bonne partie de ses journées au lit, et il la nourrissait, la dorlotait. « C'est comme s'il avait eu deux bébés », témoigne Elena.

Elena sait que sa mère est restée une femme-enfant, et qu'elle se complaît dans la dépendance envers son mari, ce dernier assumant pleinement ce rôle protecteur. Lui justifie l'attitude de sa femme en disant que Julia a vécu une enfance difficile et qu'il doit veiller sur elle. Le couple semble avoir trouvé un équilibre dans le déséquilibre et Elena et ses frères ont compensé la carence maternelle avec leur père, autre équilibre dans le déséquilibre. Ce fonctionnement a été préservé jusqu'à ce qu'Elena devienne mère à son tour.

On sait que la grossesse est une période au cours de laquelle l'enfance de la mère ou du père remonte à la surface. Ce qui avait été enfoui émerge au cours de ce temps très fécond qu'est la gestation, qui est souvent loin d'être la période radieuse décrite par une certaine littérature. Ce processus de remaniement est favorisé par une grande plasticité, c'est comme si ce qui avait été laissé en souffrance (au propre comme au figuré) avait besoin d'être accueilli et réparé afin de recevoir l'enfant à venir dans le meilleur des contextes affectifs pour qu'il subisse le moins possible les affres de l'enfance de ses parents. Dans le cas d'Elena, tout ce qui avait été jusque-là banalisé, à savoir une mère peu disponible et un père compensant la carence, a fait soudainement irruption. D'autant que Julia s'est empressée de dire à sa fille combien il était difficile d'assumer la maternité, et qu'elle ferait sans doute, comme elle, une dépression : c'était une fatalité familiale.

Ces propos toxiques ont déclenché l'insomnie d'Elena. Elle passait des nuits entières à se demander si elle serait capable d'assumer son rôle de mère. Un sentiment mêlé de peur et de tristesse l'envahissait au cours de ses longues nuits sans sommeil. Il est possible que l'angoisse maternelle qu'elle avait ressentie au cours de sa propre gestation soit également remontée. Après la naissance de son premier fils, Julia a tout fait pour lui gâcher la vie. Elle la critiquait sans cesse, a même essayé de la dissuader d'allaiter. Elena a résisté à tous ses assauts et assumé pleinement son rôle de mère. Son mari s'est cantonné à un rôle de mari et de père, équilibre dans le déséquilibre, sauf qu'Elena dormait toujours très mal, tout au plus deux ou trois heures par nuit.

Deux séances d'haptonomie avec Elena ont été suffisantes pour accueillir et reconnaître la petite fille carencée affectivement et qui était sur le qui-vive tout au fond d'elle, cette petite fille suradaptée qui ne s'était jamais plainte de ne pas recevoir d'attention et de tendresse de la part de sa mère. Elle a pu se détacher de l'angoisse éprouvée par celle-ci lorsqu'elle l'attendait et pleinement développer le sentiment de sécurité de base, qui avait été partiellement étayé par son père, mais restait bancal du fait de la carence maternelle. Elle a enfin pris conscience qu'elle était une bonne mère et pouvait l'être sans être constamment vigilante, sans risquer à tout moment de devenir la mère absente qu'avait été sa mère. Elena a tout simplement réalisé qu'elle pouvait déjouer le système de répétition inévitable auquel sa mère l'avait condamnée.

Depuis, elle a retrouvé le sommeil. Elle dort, et si bien sûr son bébé la réveille encore la nuit, elle se rendort aussitôt. À la dernière séance, elle a tenu à venir avec son fils de 3 mois, certainement pour affirmer en ma présence que la relation avec son bébé était positive. En effet, ce bébé blotti dans ses bras se portait à merveille. Belle transmutation pour cette jeune mère, qui comme tant d'autres a réussi à dépasser les carences de son enfance sans devoir être sur ses gardes de peur de délaisser ses enfants. Elle peut enfin être mère en toute sécurité et dormir sans se sentir coupable de délaisser son bébé.

Francine ou l'insécurité de mère en fille

Francine a 63 ans, elle n'a jamais bien dormi. Elle se souvient que, lorsqu'elle était petite, elle dormait très mal chez ses parents. Alors qu'elle passait de meilleures nuits chez ses grands-parents maternels, à condition de rester dans leur lit et que sa grand-mère l'endorme en lui caressant le dos. Toute sa vie, Francine n'a dormi que trois à quatre heures, se réveillant au beau milieu de la nuit et ne parvenant pas à se rendormir : « Quelle vie fatigante, toujours épuisée par le manque de sommeil, à devoir lutter contre l'assoupissement au travail, à n'avoir rien envie de faire le soir, parce que trop lasse, une vie sans sommeil ce n'est pas vraiment une belle vie. »

L'histoire de Francine est assez courante. Sa mère, Lucia, a été confiée à de la famille en Italie, pendant que les parents de celle-ci immigraient en France afin d'assurer un avenir meilleur à leur famille. Lucia était l'aînée de la fratrie et ils l'ont laissée à une tante alors qu'elle avait 1 an à peine. Elle n'a retrouvé ses parents qu'à l'âge de 6 ans, ils avaient eu deux autres enfants entre-temps. Francine raconte : « Ma mère ne s'est jamais bien entendue avec ma mémé qui était pourtant si gentille avec moi. » On peut supposer que la mère de Francine a eu bien du mal à trouver sa place auprès de ses parents qui l'avaient laissée (en toute bonne conscience, pour son bien), sans réaliser combien elle s'était sentie abandonnée. Le petit frère et la petite sœur de Lucia étaient très proches de leurs parents, notamment de leur mère. Alors que la petite fille qui avait été trop longtemps séparée, sans trop comprendre pourquoi, se sentait étrangère à sa propre famille.

Lorsque Lucia s'est mariée, à 19 ans, elle aspirait très certainement à fonder une famille unie et sécurisante, mais peu de temps après son mariage, alors qu'elle était enceinte, son mari est parti faire deux ans de service militaire. La future mère a fait une grave dépression. « Elle a déversé des flots de larmes quand elle m'attendait, c'est ce qu'elle m'a toujours raconté », témoigne Francine. La jeune mariée n'a manifestement pas supporté d'être séparée de son époux, ce qu'elle a vécu comme un deuxième abandon. Même si le couple s'aimait, ils ne se voyaient que lors de brèves permissions : «Papa était en Allemagne, c'était trop loin de Nice, alors il n'est venu que deux ou trois fois, ma mère était vraiment très seule.»

Lucia a en effet passé sa grossesse très isolée, sans demander de soutien à ses parents, en continuant à maintenir la distance hostile qu'elle observait depuis qu'elle les avait retrouvés à 6 ans (elle ne pouvait plus leur faire confiance, s'étant sentie abandonnée à l'âge d'1 an). Il est possible qu'elle ait inconsciemment répété le scénario d'abandon en se mariant avec un jeune homme qui devait encore effectuer son service militaire. «Elle a toujours rabâché qu'elle croyait que le fait d'attendre un enfant pouvait dispenser mon père du service militaire, mais elle n'en savait rien et, finalement, elle m'en a voulu d'être là trop tôt; comme je n'avais pas été capable d'éviter à mon père le service militaire, elle m'en a voulu d'être enceinte trop tôt. En fait elle en voulait à la terre entière, mais c'est moi qui ai tout pris.»

Au retour de Robert, le père de Francine, les relations du couple se sont très vite dégradées, Lucia était manifestement distante, c'est le comportement qu'elle adoptait lorsqu'elle se sentait abandonnée. Et même si son mari ne l'avait pas vraiment délaissée, elle projetait sur lui son vécu abandonnique. Francine ne dormait pas la nuit et ne se calmait que dans les bras de son père... Malgré la naissance d'un deuxième enfant (un garçon, lorsque Francine a eu 4 ans), ils ont fini par se séparer lorsque Francine a eu 6 ans.

Notons que Lucia avait quitté sa tante et retrouvé ses parents à 6 ans; il est courant que des événements majeurs se produisent au même âge d'une génération à l'autre. Il s'agit, en l'occurrence, d'un cas de séparation. De plus, après le divorce, elle a fait en sorte d'éloigner ses enfants de leur père. Francine raconte : «Mon père me manquait tellement, je ne comprenais pas pourquoi je ne le voyais presque pas. Quand je le voyais, la vie reprenait, j'étais tellement bien avec lui.» Elle n'a retrouvé durablement son père qu'à l'adolescence.

D'autant que Lucia reportait toute son attention sur son fils, privant sa fille de tendresse. Heureusement, la jeune mère débordée confiait volontiers sa fille à ses parents. Francine a le sentiment qu'elle se débarrassait d'elle, mais : « Chez mes grands-parents, c'était merveilleux, j'étais une princesse, ils acceptaient que je m'endorme dans leur lit. Il fallait alors que ma grand-mère me caresse le dos, alors là oui je dormais bien. » Il est probable que ses grands-parents, dont elle était la préférée, aient compensé l'éloignement de Lucia en surinvestissant Francine. Il est en effet très courant que des parents qui n'ont pas su, ou pu, être présents ou aimants avec leur enfant le soient avec leurs petits-enfants, il s'agit là d'un mécanisme de réparation salutaire.

Il va de soi que l'insomnie de Francine provient d'un profond sentiment d'insécurité remontant à sa gestation et renforcé par le sentiment d'insécurité de sa propre mère. Elle ne pouvait s'endormir que dans des bras sécurisants, le sentiment d'être accueillie en toute sécurité lui ayant cruellement fait défaut aux prémices de sa vie, lorsque sa mère était esseulée et effondrée.

Lors de la première séance d'haptonomie (voir p. 192), Francine a pu retrouver la petite fille, le bébé blotti dans sa mémoire affective, elle a pu revivre son sentiment d'isolement, le manque de présence affective de sa mère, elle a pu éprouver la détresse de sa mère et la charge d'angoisse qu'elle avait absorbée. Nous avons accueilli ce bébé (voir p. 199) qui, bien que porté par sa mère, se sentait isolé. Francine a enfin pu se sentir en sécurité[11]. En effet, au cours de la vie intra-utérine, il arrive que le bébé ne ressente pas la présence tendre, le lien affectif avec sa mère. Celle-ci, bien que consciente de la présence de son enfant, n'est pas forcément en mesure d'instaurer une relation affective avec lui. Elle est parfois trop angoissée, déprimée ; il se peut qu'elle s'en protège, de peur de s'effondrer si elle se laisse aller à ressentir des émotions.

C'était probablement le cas pour Francine, puisque sa mère vivait comme un abandon le fait d'être éloignée de son mari. Ce sentiment réactualisait l'abandon qu'elle avait vécu entre 1 et 6 ans. Puis celui qu'elle avait dû affronter à 6 ans, lorsqu'elle avait été brusquement séparée de sa tante. Le fait d'accueillir

11. Voir le chapitre sur l'haptopsychothérapie, p. 191.

ce bébé isolé qui continuait à vivre au fond de Francine l'a tellement bouleversée qu'elle a fait un malaise vagal. J'ai terminé la séance en la rassurant et en disant au bébé qui souffrait au fond d'elle que nous étions là pour lui.

À la séance suivante, nous avons retrouvé ce bébé isolé porteur des angoisses d'abandon de sa mère. La réaction a été encore plus violente. Francine a fait un nouveau malaise vagal, car, en même temps que le sentiment d'abandon, une détresse et une violence enfouies depuis soixante-trois ans ont enfin pu émerger. L'haptonomie instaurant le sentiment d'être contenu et en sécurité, Francine a pu ressentir et dépasser ces violentes émotions sans pour autant risquer d'être trop fragilisée. Elle a terminé la séance avec des nausées en disant : « Il faut bien que ça s'évacue. »

À la troisième séance, Francine a enfin pu déployer le sentiment de sécurité qu'elle avait parfois ressenti dans les bras de son père ou de sa grand-mère, mais qui n'avait pas pu s'instaurer durablement du fait de l'insécurité abandonnique transmise par sa mère. Elle a bâillé tout au long de la séance puis a dit : « Je crois que je vais bien dormir. » En effet, depuis, elle dort. Sa thérapie remonte maintenant à près de deux ans et Francine continue de bien dormir.

Il n'aura donc fallu que trois séances pour que cette femme de 63 ans puisse enfin dormir. Il suffisait simplement qu'elle se dissocie du vécu d'abandon de sa mère et qu'elle puisse développer le sentiment de sécurité lui permettant de s'abandonner au sommeil.

Les exemples de Lili Rose, Jade, Elena et Francine montrent qu'une séparation trop précoce peut être à l'origine de troubles du sommeil. Dans d'autres cas, c'est au contraire un attachement excessif qui pose problème, comme l'illustre l'histoire de Lucas.

Lucas ou un attachement excessif

Lucas a 2 ans et demi. Ses parents m'expliquent qu'il dort très mal depuis sa naissance. De plus, le personnel de sa crèche leur a maintes fois signifié qu'il était peu sociable, qu'il restait dans son coin, à l'écart des autres enfants, ce qui, bien entendu, les préoccupe beaucoup. Après deux ans et demi sans une nuit de sommeil en continu, le jeune couple est au bout du rouleau. Ils ont tout essayé et les médecins n'ont décelé aucun problème biologique pouvant expliquer les mauvaises nuits de l'enfant. Mais sa mère commence par dire que le seul fait d'avoir pris rendez-vous avec moi semble avoir amélioré le sommeil de Lucas, qui ne se réveille plus que deux fois par nuit, alors qu'il lui arrivait de se réveiller jusqu'à six fois au cours d'une même nuit. Le personnel de la crèche a également noté une légère amélioration en ce qui concerne sa socialisation.

Ces différents éléments m'amènent, évidemment, à aborder la notion d'attachement-détachement. J'en parle avec précaution, car je perçois que c'est un sujet sensible (en effet, l'attitude et le discours de la jeune mère montrent une difficulté à accepter le détachement de Lucas et le développement de son autonomie). La jeune mère réagit aussitôt en affirmant clairement qu'elle a volontairement maintenu la dépendance avec son fils, dont elle a bien du mal à se détacher, qu'elle allaite encore. Son mari confirme ses dires en levant les yeux au ciel : « Eh oui, malheureusement, depuis la naissance de notre fils, ma femme est accaparée par lui, Lucas dort avec nous une bonne partie de la nuit, et depuis peu elle a carrément installé un matelas pour qu'il passe toute la nuit dans notre chambre. »

La mère de Lucas intervient en disant qu'elle répète ce qu'elle a vécu : la relation fusionnelle que sa propre mère a entretenue avec elle, et qu'elle continue d'ailleurs à entretenir. La grand-mère maternelle de Lucas, Jacqueline, habite dans le même immeuble et elle fait couramment irruption chez les jeunes parents, sous n'importe quel prétexte. Elle a également tendance à les supplanter, Lucas ne voyant que par sa mamie. Le père, quant à lui, se sent relégué à un rôle de second plan, face à la toute-puissance de sa belle-mère et à l'extrême tolérance de sa femme. Il rapporte que, par exemple, il avait envisagé une première sortie au cirque avec son fils et que sa belle-mère a organisé la sortie un mercredi, sachant qu'il n'était pas libre ce jour-là : « Des situations comme celle-ci je ne les compte plus, elle interfère sans cesse depuis la naissance de mon fils. » Son épouse acquiesce, elle est consciente que sa mère a tendance à exclure son mari, mais elle se sent démunie face à cette situation.

Je propose alors un entretien individuel avec la jeune mère. Elle m'explique que sa propre mère, Jacqueline, a été victime d'abus sexuels de la part d'un homme de la famille, et que dès lors elle ne peut laisser aucune place à un homme auprès d'un enfant. Jacqueline a pour sa part très vite divorcé après la naissance de sa fille qu'elle a élevée en la surprotégeant. Il a fallu beaucoup d'énergie à la mère de Lucas pour choisir de se marier et d'avoir un enfant avec un homme qu'elle aime et dont elle ne veut absolument pas divorcer, même si elle est consciente que son couple est fragilisé par les relations fusionnelles qu'elle entretient avec sa mère et son fils. Elle accepte volontiers d'entamer une psychothérapie.

Au cours de ces séances individuelles, elle prendra conscience de la souffrance et de l'angoisse de sa mère, victime pendant des années d'abus sexuels au sein de sa propre famille (l'agresseur étant son oncle paternel) sans que ses parents ne daignent prendre en compte les symptômes et les messages qu'elle leur adressait. D'ailleurs, lorsque adulte elle leur révélera la vérité, son père refusera de la croire alors que sa mère banalisera les faits. C'est pourquoi, lorsque la grand-mère de Lucas deviendra mère à son tour, elle ne pourra faire confiance à quiconque, pensant que seule une relation fusionnelle peut « les protéger » (il s'agit là de la dyade mère-fille) de tout risque d'intrusion, d'inceste ou d'agression.

Il était donc bien difficile à la mère de Lucas de délaisser sa propre mère qui n'avait vécu que pour elle. Ces prises de conscience lui ont permis de poser des limites à sa mère (en lui demandant de ne plus faire irruption chez eux sans prévenir, et de les consulter avant de prévoir une activité avec leur fils) et de s'autoriser à privilégier sa vie de couple. En réalisant que sa relation fusionnelle avec son fils provenait d'une peur inconsciente que le traumatisme incestueux ne se répète, elle a pu dénouer les liens invisibles qui empêchaient Lucas de se détacher d'elle et elle a accepté de faire confiance à son mari. Comme elle le dira : « Même si maman a vécu des horreurs, pour moi on pourrait dire "plus de peur que de mal". Quant à mon fils, il est en sécurité avec son père et moi. »

J'ai ensuite revu Lucas et ses parents. J'ai alors expliqué à Lucas que maintenant il était assez grand pour manger et qu'il n'avait plus besoin de téter. Sa mère et son père lui ont clairement signifié qu'il était grand temps qu'il soit sevré : « Ce sont les bébés qui se réveillent la nuit pour téter, tu es grand et tu peux dormir sans avoir besoin de téter et d'appeler maman. » J'ai aussi constaté qu'il n'avait pas de doudou, d'objet transitionnel (ce qui était logique, car cet objet pallie l'absence de la mère et Lucas n'avait pas eu à faire l'expérience de la séparation). C'est une découverte pour la mère : « Ah oui, bien sûr, on va l'aider à choisir parmi toutes ses peluches, je n'avais pas réalisé qu'il n'en avait pas et que c'était important. » Puis nous expliquons à Lucas que dorénavant sa mère dormira seulement avec son mari et que sa place à lui est dans sa chambre.

Comme on peut le supposer, le fait que Lucas dorme bien dans sa chambre s'est fait progressivement, mais la détermination des deux parents à le remettre systématiquement dans son lit, en sécurité avec son doudou, a fini par aboutir à des nuits paisibles.

Comme nous venons de le voir, la psychanalyse a apporté un éclairage nouveau sur les causes des troubles du sommeil. Elle a mis en évidence l'importance du lien entre l'enfant et ses parents. Mais l'histoire ne s'arrête pas là, comme nous allons le voir maintenant avec la psychologie transgénérationnelle.

Ce que nous apprend
la psychologie transgénérationnelle

Le poids du passé : les deuils non faits

De nombreux troubles du sommeil ont pour origine des deuils non faits. Une personne qui a des difficultés à dormir ignore en général ce deuil inachevé, comme nous allons le voir.

La psychologie transgénérationnelle (aussi nommée « psychogénéalogie ») étudie les transmissions transgénérationnelles, et plus particulièrement la répercussion des deuils non faits sur la lignée et leurs conséquences sur certains de ses membres. Pour Anne Ancelin Schützenberger, créatrice de cette discipline : « Les tâches inachevées – deuils non faits, pertes et traumatismes divers non élaborés – restent longtemps en mémoire, "travaillent" et d'une certaine manière se "ruminent" longtemps et souvent à vie, et sont même parfois transmises de génération en génération. [...] Tant que ce travail reste inachevé, une tension persiste en soi et l'on n'est pas disponible pour autre chose[1]. » Elle poursuit : « Beaucoup d'entre nous souffrent d'un deuil non fait, personnel, familial, transgénérationnel ou même culturo-national. Pour moi, le travail de deuil nécessite plusieurs années ; un deuil non fait après deux ou trois ans reste une tâche inachevée, qui nous taraude parce qu'elle a besoin d'être complétée et terminée. »

1. Anne Ancelin Schützenberger (2007), *Psychogénéalogie. Guérir les blessures familiales et se retrouver soi*, Payot, 2012 (édition revue et augmentée).

> Le syndrome d'anniversaire

Rappelons que l'auteure a découvert la psychologie transgénérationnelle en prenant conscience que des patients qui n'avaient pas pu faire leur deuil répétaient certains éléments traumatiques vécus par la personne dont elles n'avaient pas fait le deuil. Elle qualifie ces répétions de « loyautés invisibles ». Elle a également défini « le syndrome d'anniversaire », c'est-à-dire le fait de répéter les mêmes faits, les dates ou âges qui ont marqué l'histoire de la famille. Ses recherches démontrent que l'impact des deuils et des traumatismes peut se répercuter sur plusieurs générations. C'est ce que nous pouvons constater si nous considérons les troubles du sommeil sous l'angle de la psychologie transgénérationnelle.

Isabelle ou le syndrome d'anniversaire

Isabelle, 48 ans, vient consulter pour des insomnies récurrentes depuis l'âge de 30 ans. C'est une dentiste formée à la médecine chinoise et à l'ostéopathie, qui a choisi une approche globale de ses patients. Elle est célibataire et n'a pas d'enfants. Elle s'endort facilement mais se réveille plusieurs fois dans la nuit et a beaucoup de mal à se rendormir ; parfois, réveillée à l'aube, elle ne se rendort pas. Elle a bien sûr essayé plusieurs médecines douces, mais leur effet est passager et son insomnie reste chronique.

L'étude de son génosociogramme[2] (voir p. 167) révèle qu'elle est reliée à sa mère qui l'a conçue à son anniversaire, à l'âge de 30 ans. Isabelle est donc née lorsque sa mère, Pilar, avait 31 ans. Il y a là une superposition de dates intéressante, d'autant plus que la mère d'Isabelle n'a jamais bien dormi. Quelques mois après son accouchement, à la suite de complications, Pilar a subi l'ablation de son utérus et de ses ovaires, opération alors appelée une « totale » et malheureusement très courante dans

2. Arbre généalogique adapté à l'étude psychogénéalogique de l'histoire d'une famille.

les années 1960. Notons qu'Isabelle a également subi l'ablation d'un ovaire (à cause d'un kyste ovarien) peu avant ses 30 ans.

Il me semble que nous sommes là en présence d'une forme de fidélité familiale, puisque inconsciemment Isabelle a probablement cru qu'elle était responsable de la mutilation de sa mère lorsqu'elle était bébé (voir la notion de bilan Fondations de vie, p. 177). Elle n'a ensuite pas pu avoir d'enfants, ce qu'elle déplore. Je constate ici une superposition entre l'insomnie chronique de sa mère et l'âge auquel celle-ci a attendu Isabelle : 30 ans, âge auquel Isabelle est devenue insomniaque. À cela viennent s'ajouter les opérations gynécologiques subies par la mère et la fille. Ces informations pourraient suffire à expliquer l'origine de l'insomnie d'Isabelle, mais il reste un élément non résolu : pourquoi sa mère ne dormait-elle pas ?

Pilar est la dernière d'une famille de cinq enfants ; elle est née en Espagne, un an après la mort d'une petite fille prénommée Carmen. Pilar a émigré en France, comme tant d'autres Espagnols, à la fin des années 1950. Elle s'est mariée sur le tard et n'a attendu son premier enfant qu'à 30 ans. En examinant les dates et l'âge de la grand-mère maternelle d'Isabelle à la mort de Carmen, nous constatons une superposition des âges. Elle avait à peine 30 ans lors du décès de sa fille et a conçu Pilar à 30 ans.

Je constate donc une superposition de traumatismes transgénérationnels autour de l'âge de 30 ans : perte d'un enfant, ablation d'organes génitaux, et insomnie. Dans le cas de Pilar, on comprend qu'elle n'ait jamais bien dormi, puisqu'elle est née presque un an jour pour jour après le décès de sa sœur Carmen. En ce qui concerne Isabelle, l'insomnie a été à retardement, même si la fidélité familiale n'a pas oublié de marquer le syndrome d'anniversaire des 30 ans par ce symptôme. Comme on peut le supposer, le deuil de Carmen n'avait pu se faire, et Pilar a eu du mal à accepter d'y prendre part, mais que n'aurait-elle pas fait pour sa fille unique et chérie ? Isabelle a expliqué à Pilar qu'elle n'avait pas fait le deuil de Carmen, et celle-ci l'a admis et s'est déclarée prête à le faire. Comme la famille est catholique, elles ont fait dire une messe pour Carmen après lui avoir écrit une lettre d'adieu.

Puis j'ai repris le travail avec Isabelle, en la dissociant de l'insomnie de sa mère et en contactant le bébé enfoui au tréfonds de son affectivité, qui avait subi les vicissitudes de l'angoisse et de l'insomnie de sa mère. Nous l'avons également dégagée du traumatisme de la « totale » lors d'une séance d'haptonomie (voir p. 192) et son enfant intérieur a enfin pris conscience qu'elle n'était pas responsable de cette perte irrémédiable. Si Isabelle avait compris qu'elle avait répété un schéma maternel en devenant stérile peu avant ses 30 ans, elle n'avait pas réalisé que c'était inconsciemment pour éviter le décès d'un autre enfant. Depuis, Isabelle dort d'un sommeil profond et réparateur et, s'il lui arrive de se réveiller pendant la nuit, elle se rendort aussitôt. Ce cas illustre le fait que les syndromes d'anniversaires (voir p. 122) peuvent être à retardement. Et se superposer sur plusieurs générations.

D'autres auteurs, dont le Dr Salomon Sellam, ont approfondi l'impact des deuils inachevés (voir « Le syndrome du gisant » p. 137). C'est ce même processus qui permettra à certains patients de bien dormir, en se délestant du fardeau inconscient d'un deuil non fait, et de l'angoisse de mort sous-jacente induite par ce deuil inachevé.

Les étapes incontournables du deuil

Les étapes du deuil décrites par Elisabeth Kübler-Ross (psychiatre spécialisée dans l'accompagnement des mourants) ne se succèdent pas nécessairement de manière linéaire, elles peuvent se superposer, ou faire des allers-retours. Bien entendu, le travail de deuil ne se limite pas à la perte d'un être cher, il peut aussi s'agir de la perte d'un emploi, d'une relation amoureuse, de parents qui divorcent, etc. La vie est émaillée de pertes et il est essentiel de pouvoir les accepter et faire son deuil. C'est ce qui permet de vivre, sinon on survit aux pertes successives, et survivre est le contraire de vivre. Voici les étapes en question.

> Le choc et la sidération

Lorsqu'il s'agit d'une mort violente (accident de la route, accident vasculaire cérébral, etc.), on n'a pas eu le temps de se préparer au décès de l'être cher, on est dans une sorte de sidération, on est paralysé, on reste sans voix. Cet état de choc peut parfois durer plusieurs jours, jusqu'à ce que la mauvaise nouvelle soit intégrée.

> Le déni

Ce mécanisme de défense est généralement en œuvre lorsqu'il s'agit d'un deuil brutal, auquel on ne s'attendait pas. Il peut cependant être en œuvre même lorsque le décès était prévisible, comme, par exemple dans le cas d'une épouse qui apporte son dessert préféré à son mari hospitalisé, qui vient de mourir : «Je n'ai pas vraiment réalisé qu'il était mort, alors je lui ai apporté une douceur, comme je le faisais à chaque visite.» «Ce n'est pas possible, pas lui [pas elle]», «pas si jeune», ou encore : «Les médecins se trompent, il n'est pas mort.» Ce mécanisme permet d'amortir le choc du décès, en le niant; la personne a le temps de réaliser que le décès est irréversible.

> La colère, la révolte

Lorsqu'on réalise que la perte de l'être cher est irrémédiable, la colère succède au déni. Il peut s'agir d'une colère dirigée contre le défunt : «Il n'avait pas le droit de me laisser, de m'abandonner», ou contre un bouc émissaire : Dieu, le médecin, la vie, etc. Cette phase de colère peut perdurer si le deuil reste bloqué, et il est courant de voir une personne endeuillée devenir explosive pendant quelques mois voire quelques années après la perte.

Il arrive également que la colère soit sublimée dans une activité associative, par exemple des parents qui ont perdu un enfant dans un accident de la route s'investiront dans la prévention des risques de la circulation, ou encore une femme dont le mari est décédé à la suite d'une erreur médicale créera une association d'aide aux victimes, etc.

> Le marchandage

«Pourquoi lui et pas un autre?», «J'aurais voulu mourir à sa place», «Si j'étais arrivé à temps, je l'aurais sauvé.» Avec le marchandage rétrospectif, il s'agit de conjurer le mauvais sort. On tente de réécrire l'histoire, mais il est trop tard. Cette phase est une sorte de négociation entre la réalité (l'être cher est mort) et ce qui aurait été possible pour éviter cette mort. Elle permet de réaliser progressivement que la personne est vraiment décédée, que c'est irréversible.

> La dépression et la peur

«J'ai peur de ne pas m'en sortir sans lui», «Je me sens abandonné, j'ai peur de ne pas faire face sans elle», etc. «Un seul être vous manque et tout est dépeuplé[3]», peur du vide après la disparition du compagnon, de la compagne, d'un enfant... La vie n'a plus de sens et la personne se sent anéantie. Cette phase douloureuse est incontournable, elle permet de réaliser le vide laissé par la disparition de l'être aimé, le manque, que la vie ne sera plus jamais pareille.

L'IMPORTANCE DE LA TRISTESSE

Vivre pleinement sa tristesse est essentiel, c'est même l'axe d'un travail de deuil, et il est malheureusement courant que l'on ne s'autorise pas à être triste, à extérioriser sa tristesse. Il faut faire bonne figure pour ne pas perturber l'entourage. La tristesse dérange et incommode. Alors qu'il est nécessaire de vivre son chagrin jusqu'au bout, de ressentir pleinement la peine, pour qu'elle soit ensuite acceptée. Sinon, le sentiment d'être anéanti, les sentiments négatifs, tournent en boucle, la personne est au fond du tunnel : «À quoi bon vivre, ma vie n'a plus de sens, je ne m'en remettrai jamais.»

3. Alphonse de Lamartine, *Méditations poétiques*, 1820.

Et puis un jour, une toute petite éclaircie laisse entrevoir que la vie continue : un sourire, un petit enfant qui joue, une bonne nouvelle, quelque chose fait que cela frémit en soi, comme si la vie reprenait doucement. On commence à sortir de la rumination interminable. Notons qu'au début de ce processus on pense sans cesse au cher disparu, la tristesse est omniprésente, telles des vagues qui déferlent les unes après les autres et nous renversent. Puis au fil du deuil ces vagues sont moins intenses, moins rapprochées, on peut reprendre son souffle entre deux rafales d'angoisse et de tristesse. La remontée commence doucement.

> L'acceptation

« C'est dur, mais c'est la vie », « Je suis bien obligé d'accepter et de continuer de vivre. » Cette phase d'acceptation est généralement précédée ou accompagnée de l'explication. Il s'agit de réaliser, de prendre conscience des causes du décès (l'alcool, la vitesse, la faute à pas de chance, etc.). Cette élaboration permet de comprendre et de ce fait d'accepter. Le décès est admis, la personne lâche prise de la charge émotionnelle liée à la perte. Elle peut accepter le décès de l'être cher. Et même lui pardonner de l'avoir abandonné (voir encadré ci-dessous).

L'IMPORTANCE DU PARDON

« Pardon : action de tenir [une offense] pour non avenue, ne pas en garder de ressentiment, renoncer à en tirer vengeance[2]. »

Avant tout, je tiens à éviter un malentendu courant. Pardonner, ce n'est pas oublier, nier les faits ou leur gravité, ou encore entretenir une relation positive avec une personne

4. *Le Petit Robert* 2012, p. 1804.

qui nous a fait souffrir. Pardonner, c'est tout simplement passer à autre chose et avancer dans la vie, ne pas rester prisonnier de la colère, de la haine ou de la peur.

Le pardon fait partie intégrante de l'acceptation. Néanmoins, certains deuils restent bloqués du fait que la personne n'a pas pardonné certains comportements du défunt (par exemple de l'avoir maltraitée dans l'enfance) ou encore tout simplement parce qu'elle lui en veut de l'avoir abandonnée par son décès. Cette rancœur est toxique et elle entrave le processus de deuil, elle empoisonne celui qui la ressent, et le fait de lâcher prise de cette charge négative libère celui qui pardonne. Il peut s'agir aussi de se pardonner à soi-même de ne pas avoir pu empêcher la perte, de ne pas avoir pu changer le cours des choses.

Si vous avez le sentiment de ne pas parvenir à achever le deuil d'un être cher, posez-vous la question : « Est-ce que dans le fond je lui en veux sans vouloir l'admettre ? » Cette rancœur est souvent inconsciente, notamment lorsqu'un enfant a perdu un de ses parents trop tôt. D'une part, il s'en veut de ne pas avoir été assez « bon » pour que sa mère ou son père ne meure pas et, d'autre part, il lui en veut de l'avoir abandonné. Ces prises de conscience peuvent ouvrir la voie au pardon et à l'achèvement du deuil.

On peut aussi écrire une lettre au défunt en couchant noir sur blanc ses griefs ; même si on en a conscience, le fait de les écrire permet de les déposer et de les lâcher. Puis, devant la photo du défunt, on peut lui lire la lettre et lui pardonner.

D'autres approches comme celles basées sur les thérapies émotionnelles (dont bien entendu l'haptonomie, p. 192) pourront contribuer à parachever le processus de pardon.

Le pardon permet une véritable sortie du tunnel, les vagues de tristesse s'estompent et on peut accepter de s'investir dans sa vie, d'avoir à nouveau des projets, des envies (dans le mot « envie » il y a « en » et « vie »). L'être cher vit dans notre cœur, et tout ce que l'on a vécu avec lui, en général le positif, reste vivant en nous et donne envie de vivre, voire nous soutient dans les épreuves : « Mon papa est toujours dans mon cœur, et il me donne de la force, comme quand j'étais petite et qu'il me soutenait, il a toujours été là pour moi et il le reste encore. » En général on ne retient que le positif, le négatif étant oublié ; comme le dit l'adage, « les morts ont toujours raison ».

La description des étapes du deuil d'Elisabeth Kübler-Ross est la plus couramment utilisée, pour des raisons pratiques. Mais il ne faut pas oublier, comme le rappelle le Dr Christophe Fauré, qu'il est toujours « difficile de diviser l'évolution d'un processus humain en différentes étapes clairement distinctes les unes des autres. [...] À une personne donnée correspond un deuil donné[5] ». L'expérience d'une personne sera différente de celle d'une autre. Les étapes du deuil ne sont pas nécessairement traversées dans l'ordre présenté ci-dessus et il peut y avoir des allers-retours.

On peut être bloqué à une des étapes du processus de deuil. Il est courant qu'une personne qui prétend avoir fait son deuil soit sans cesse en colère, explosant pour n'importe quel prétexte. Il est probable que cet état émotionnel soit lié à un deuil inachevé. Je l'ai maintes fois constaté auprès de mes patients. Le symptôme le plus visible d'un deuil inachevé est la tristesse, accompagnée d'un état dépressif latent, d'un manque d'entrain. Et comme nous l'avons vu, un deuil bloqué peut se répercuter sur plusieurs générations.

Arthur et le deuil inachevé

Arthur a 2 ans. Il a toujours mal dormi, mais la situation empire. Il ne supporte plus de s'endormir si ses parents ne sont pas couchés et il s'endort dans leur lit. Ils ont tout essayé : l'endormir dans son lit en restant très longtemps près de lui, accomplir différents rituels d'endormissement... Mais quelle que soit la méthode utilisée et les longs moments consacrés à son endormissement, Arthur ne supporte pas la séparation.

Le couple a une fille aînée, prénommée Anna et âgée de 9 ans. Elle non plus n'a pas bien dormi jusqu'à l'âge de 6 ans, et elle passe encore des nuits agitées, réveillée par des cauchemars terrifiants, et seuls ses parents peuvent apaiser son angoisse

5. Dr C. Fauré, *Vivre le deuil au jour le jour*, Albin Michel, 2004, p. 51.

après ses réveils nocturnes. Ces jeunes parents sont exténués, au bout du rouleau : cela fait neuf ans qu'ils dorment irrégulièrement, sans cesse interrompus dans leur sommeil par leurs enfants. Ils ont d'ailleurs attendu pour avoir un deuxième enfant et, comme leur fille dormait un peu mieux, ils se sont décidés, en espérant que l'enfant à venir dormirait paisiblement. Mauvaise idée, car Arthur dort encore moins bien que sa sœur aînée.

Lorsque je les interroge sur leur histoire familiale, la jeune mère m'explique que sa propre mère n'a jamais bien dormi, et qu'elle-même dormait très mal avant son mariage. L'histoire familiale est une succession de deuils prématurés et de séparations précoces. La grand-mère maternelle n'a jamais bien dormi, elle fait partie d'une fratrie de cinq enfants, elle est née entre deux enfants morts, l'un mort-né avant sa propre naissance (c'était un garçon) et l'autre décédé à l'âge de 3 mois, lorsqu'elle-même avait 18 mois (c'était une fille).

Comme nous l'avons vu, un bébé qui arrive après un enfant mort-né absorbera très certainement les angoisses de ses parents au cours de sa propre gestation ; ce fut donc le cas de la grand-mère maternelle d'Arthur, qui de plus a subi la perte d'une petite sœur à un âge où l'on n'est pas en mesure de se dissocier des événements survenant dans la famille ; elle aura donc pris de plein fouet le décès de sa petite sœur, ce qui a dû renforcer l'angoisse de mort qu'elle a ressentie avant sa naissance. De plus, la mère d'Arthur a été opérée à cœur ouvert à l'âge de 13 ans, elle souffrait d'une malformation cardiaque détectée très tardivement. Cette malformation cardiaque générait chez elle un sentiment d'étouffement dès qu'elle faisait un effort soutenu, et elle avait peur de mourir. Elle a eu très peur de ne pas se réveiller après son opération à cœur ouvert (notons ici la superposition entre dormir et mourir).

La jeune mère est consciente d'avoir beaucoup redouté que ses enfants ne soient gravement malades, comme elle. Elle n'a pas pu s'empêcher d'y penser lorsqu'elle les attendait, et elle admet que, même si leur sommeil perturbé la dérange, elle est aussi rassurée de les savoir vivants pendant leur sommeil, et donc rassurée lorsqu'ils se réveillent. Notons qu'il est courant qu'un bébé ne dorme pas pour rassurer des parents qui véhiculent une angoisse de mort ; en ne dormant pas, il leur montre qu'il est vivant.

Quant au grand-père maternel d'Arthur et Anna, il a perdu sa mère à l'âge de 5 ans. On lui a caché sa mort comme on le faisait souvent à l'époque, pour le protéger, et il a attendu son retour pendant des années, puisqu'on lui avait dit qu'elle était partie en voyage. Ce petit garçon de 5 ans s'est donc senti abandonné par sa mère, et n'a pas pu en faire le deuil.

Le père d'Arthur et Anna, lui, a vu son propre père être violemment agressé sous ses yeux. Depuis ce traumatisme, il est toujours sur le qui-vive, et admet qu'il est inquiet pour ses enfants. Même s'il ne supporte plus leurs troubles du sommeil, il admet qu'il est rassuré de les savoir vivants pendant leur sommeil. Il ajoute que son père a lui aussi un frère mort-né.

Ces différentes données de l'histoire familiale permettent de comprendre l'origine des angoisses d'endormissement et les troubles du sommeil des deux enfants. Face à une telle somme de données significatives, je préfère toujours faire la part des choses entre ce qui concerne directement un individu donné au sein de sa famille, afin qu'il puisse mieux s'en dégager, même si d'autres éléments de l'histoire familiale sont susceptibles de renforcer son angoisse.

Avant de voir Arthur seul, j'ai donc demandé à ses parents de me rapporter les dates de naissance et de décès des enfants morts en bas âge et de l'arrière-grand-mère paternelle, afin de déterminer ce qui le concerne plus directement. Il va de soi que j'aurai à voir les parents individuellement, étant donné l'angoisse de mort qu'eux-mêmes reportent sur leurs enfants en voulant consciemment qu'ils dorment, tout en s'inquiétant inconsciemment pour eux.

L'étude du génosociogramme[6] (voir p. 167) a permis de comprendre qu'Arthur était relié à sa mère, laquelle était reliée à sa grand-mère paternelle, décédée prématurément. La jeune mère est d'ailleurs très proche de son père, orphelin de mère à

6. Arbre généalogique adapté à l'étude psychogénéalogique de l'histoire d'une famille.

5 ans. Nous avons consacré une séance à expliquer à Arthur l'histoire de sa famille et ses traumatismes, tout en lui disant que cela arrivait, même si sa famille avait été particulièrement éprouvée. J'ai ensuite reçu la jeune mère, afin qu'elle puisse entreprendre le travail de deuil de sa grand-mère paternelle, ce qu'elle a fait avec son père, en en parlant, en regardant des photos, et en allant sur sa tombe pour lui dire adieu. Comme ils sont catholiques, ils ont fait dire une messe à laquelle toute la famille a pris part.

Puis j'ai reçu Arthur seul. Une séance d'haptonomie (voir p. 192) a suffi pour qu'il se sente bien vivant et qu'il se déleste des angoisses de ses parents. Depuis, il dort. Notons que sa grande sœur a recouvré elle aussi un sommeil paisible, pour le plus grand bonheur des parents qui reconnaissent que la compréhension et la guérison des symptômes de leurs enfants leur ont permis de s'alléger des angoisses familiales.

Magali et la maison de famille

Magali est une fringante sexagénaire, son accent niçois inonde ses paroles de soleil. Elle consulte car depuis qu'elle a acheté un nouvel appartement, dans lequel elle se sent bien, elle cumule les problèmes de santé, et surtout elle se réveille entre 6 et 7 heures du matin avec, dit-elle, « des tremblements, des sueurs froides » qui la laissent exsangue pour le reste de la journée. Cela fait des mois que cela dure, elle est au bout du rouleau. Elle a enchaîné tous les examens médicaux possibles et imaginables, qui n'ont rien montré et un médecin indélicat lui a même dit : « Si cela continue, on va vous hospitaliser en psychiatrie. »

Magali a été choquée par ces propos. Elle admet que ses troubles puissent être d'origine psychique, mais, dit-elle : « Je ne suis pas folle, pourquoi on me traite comme ça ? » Après une anamnèse, il s'avère que si ses troubles sont survenus depuis son emménagement, elle ne va pas très bien depuis qu'elle a vendu « la campagne », c'est-à-dire la maison familiale sur les hauteurs de Nice où se sont succédé quatre générations. Elle m'explique qu'elle l'a vendue à contrecœur après que son père l'y a incitée.

En effet, il était en maison de retraite et savait que sa fille ne pouvait pas entretenir et supporter les charges de cette propriété. Il a donc signé une autorisation pour qu'elle vende la maison dont elle était propriétaire mais dont il avait l'usufruit.

En évoquant cette décision et cette signature, Magali éclate en sanglots : « Et il est mort une semaine jour pour jour après avoir signé ! » Ce jour-là elle devait emmener son père au restaurant ; le vieil homme s'est levé comme à son habitude à 6 heures, il s'est fait beau, a mis son beau costume et, à 7 heures, l'équipe du matin l'a trouvé mort, d'un arrêt cardiaque. Elle ajoute : « Avec sa tête il a pris cette décision, qui était la plus raisonnable ; avec son cœur, il en est mort… »

J'avais déjà été confrontée à des syndromes anniversaires de dates mais jamais à un syndrome anniversaire horaire, c'est pourtant ce qui semblait se profiler. Elle ajoute : « J'y ai bien pensé, que ces malaises se produisaient à l'heure de sa mort, je l'ai même dit au médecin, il m'a prise pour une cinglée. » Manifestement, Magali a conscience de l'origine de son trouble. Lorsque je lui demande si elle a fait le deuil de son père, elle éclate en sanglots : « Ça fait cinq ans et je n'y arrive pas, moi qui suis croyante et pratiquante, je ne suis jamais allée sur la tombe de mes parents depuis l'enterrement de mon père, je sais que ce n'est pas bien mais je n'y arrive pas. »

On l'aura compris, Magali n'a pas fait le deuil de son père et croit au plus profond de son être qu'elle est responsable de sa mort, puisqu'il est mort après avoir signé l'acte l'autorisant à vendre la propriété familiale. Elle n'a pas non plus fait le deuil de « sa campagne » où ses racines sont si profondes, plusieurs générations. Elle ajoute : « Je ne pouvais pas garder cette maison et les terres, c'était trop lourd, trop isolé pour une femme seule de mon âge, mais je me sens déracinée, coupée des miens. » Même si elle a trouvé un appartement avec du terrain et des arbres rappelant « sa campagne », elle ne parvient pas à s'y enraciner. Un deuil peut en cacher un autre, son père d'abord, la maison ensuite, ou plutôt la maison d'abord, et son père ensuite, puisque en acceptant la décision de son père elle pourrait accepter la vente de la maison.

À la séance suivante, elle me dit : « Vous savez, j'ai parlé avec ma famille, ils m'ont tous dit que mon père était préoccupé de partir en me laissant “la campagne” sur les bras ; mon oncle m'a dit : “Il a pu partir rejoindre ta mère, parce qu'il savait que tu étais libérée de ce poids”. Je n'avais jamais vu les choses comme ça, mais c'est sûrement vrai, mon oncle était son confident, cela m'a vraiment déculpabilisée. » À partir de cette séance, le travail de deuil de son père et de la maison a pu se faire. Magali a pu aller au cimetière et retrouver son père dans son cœur.

Les symptômes ont disparu : « Je dors comme un bébé, et, oui, mes parents m'ont toujours protégée et je sens qu'ils me protègent de là où ils sont, ils doivent être contents de l'appartement que j'ai trouvé, pas loin de la maison et avec les mêmes arbres, je peux enfin y prendre racine. » On comprend donc que la culpabilité de Magali, liée à la mort de son père et à la vente de la maison familiale, l'empêchait de bien vivre, en la réveillant brutalement à l'heure du décès de son père.

Le syndrome du gisant

En 2001, en décrivant ce syndrome, le Dr Salomon Sellam, médecin français, enrichit la psychologie transgénérationnelle. Il complète la notion de deuils non faits et explique que, dans certains cas, la famille demande à une personne de remplacer un disparu[1]. Cette découverte théorique s'est avérée être un outil précieux pour mon travail clinique, en ce qui concerne les conséquences des deuils inachevés sur certains membres de la famille.

> La thématique du fantôme et de la crypte

Salomon Sellam présente sa théorie en prenant soin de l'inscrire dans un faisceau de recherches, tant personnelles (à partir de sa pratique clinique) que théoriques, en se référant aux théories qui sont à l'origine du transgénérationnel[2]. Il renvoie aux pionniers de cette approche novatrice, les psychanalystes Maria Torok et Nicolas Abraham, qui furent les premiers à aborder la « thématique

1. *Le Syndrome du gisant, un subtil enfant de remplacement*, Bérangel, 2003 ; *Le Gisant II. Vie bloquée ! Deuil bloqué ?*, Bérangel, 2010.
2. Voir à ce sujet : Patrice Van Eersel et Catherine Maillard, *J'ai mal à mes ancêtres. La psychogénéalogie aujourd'hui*, Albin Michel, 2002.

du fantôme». Laquelle peut se résumer comme suit : à la suite d'un événement honteux ou traumatique, une mémoire familiale se constitue et va être «gérée inconsciemment» par l'un des membres du clan né après le drame. Cette mémoire est enfermée dans l'inconscient de la personne concernée dans une sorte de «crypte[3]» dans laquelle vivrait le «fantôme[4]» après le drame. «Depuis la plus haute antiquité et dans toutes les civilisations, le fantôme rend compte d'une croyance selon laquelle l'esprit des morts peut revenir hanter les vivants. Le fantôme sous toutes ses formes peut revenir hanter les vivants...»

Sébastien, hanté par son grand-père

Sébastien a 14 ans. Il est hyperactif, de jour comme de nuit. Il ne tient pas en place et ses résultats scolaires en pâtissent. Il ne dort pas plus de cinq ou six heures par nuit et ses parents doivent l'obliger à se coucher; lui affirme qu'il tient très bien sans trop dormir. Je suis troublée par le «teint gris» de Sébastien. J'ai déjà vu des teints blafards, mais ce teint gris est surprenant. Je demande à voir sa mère en aparté et lui demande s'il y a eu des morts non acceptées dans sa famille. Elle éclate en sanglots et me raconte que son père s'est pendu lorsqu'elle avait 20 ans; il n'avait pas supporté que sa femme le quitte.

Lorsque je lui demande la date de cet événement, elle semble hésiter et sort de son portefeuille un vieux document : le certificat de décès de son père. Cela fait vingt ans qu'elle le porte sur elle. On peut imaginer l'impact délétère qu'a eu ce suicide sur cette femme. L'étude du document confirme mon intuition clinique, Sébastien est bel et bien «relié» (voir p. 139) à son grand-père, puisqu'il a été conçu à la date anniversaire du décès de celui-ci.

3. La crypte renferme au sein du moi un vécu indicible, traumatisme, deuil inachevé, vécu honteux.
4. Le fantôme transgénérationnel, ou travail du fantôme dans l'inconscient, désigne les effets des secrets ou deuils inachevés sur certains membres de la lignée.

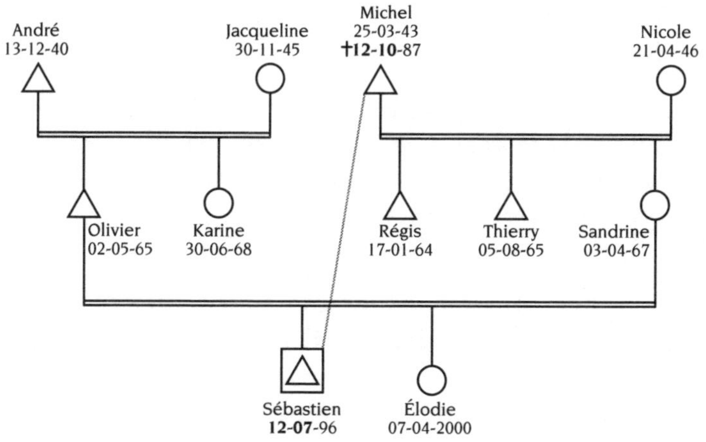

Sébastien

Sébastien a été conçu le jour anniversaire du suicide de son grand-père maternel, puisqu'il est né le 12/07 et donc a été conçu le 12/10.

La mère de Sébastien ne lui a jamais révélé ce lourd secret et elle sait qu'elle n'a pas pu faire le deuil de son père. Le fait qu'elle porte sur elle le certificat de décès démontre qu'elle ne peut pas se séparer de son père. Je lui demande donc de dire la vérité à son fils, chez elle, en compagnie de son mari qui peut la soutenir. Puis de revenir avec Sébastien après cette révélation.

À la séance suivante, Sébastien est toujours aussi gris et remuant, il ne peut pas rester en place. Je lui explique alors que sa mère l'a conçu à la date anniversaire du suicide de son grand-père, qu'elle ne l'a bien entendu pas fait exprès, mais qu'inconsciemment elle lui a demandé aussi de la soulager de la perte de son père. Vous pouvez imaginer la réaction de l'adolescent, qui s'exclame : « Vous me prenez pour un fantôme, n'importe quoi ! » Je lui demande de me faire confiance, d'autant plus qu'il ne veut surtout pas prendre de médicaments contre l'hyperactivité. La séance d'haptonomie qui suit se révèle très apaisante. Sébastien a repris des couleurs, il sent qu'il est bien vivant, et il le formule : « C'est dingue, ça me fait comme des circuits qui se connectent en moi, ouah ! » À la fin de la séance, Sébastien est rose, il le reconnaît : « Ah oui, j'ai meilleure mine ! »

Sa mère est elle aussi très surprise par ce changement. Depuis lors, Sébastien est plus paisible et dort bien. De son côté, sa mère a continué à consulter pour achever le deuil de son père. Elle s'est épanouie, a changé de métier et, comme elle l'a dit à la fin de la thérapie : « Heureusement que Sébastien a réagi à ce que je lui avais inconsciemment transmis, sinon nous serions encore tous les deux bloqués. »

Il est certain que le fantôme, sous toutes ses formes, est l'invention des vivants. Il s'agit bel et bien d'une invention humaine, dans le sens où elle doit représenter, fût-ce sur le mode hallucinatoire, individuel ou collectif, le manque qu'a créée en nous l'occultation d'une partie de la vie d'un objet aimé. « C'est-à-dire que ce ne sont pas les trépassés qui viennent nous hanter, mais les lacunes laissées en nous par les secrets des autres[5]. »

GISANT OU FANTÔME ?

Pour M. Torok et N. Abraham, le fantôme est la mémoire vive d'un deuil ou d'un secret qui continue à être actif dans la lignée.

Pour S. Sellam, le gisant est un membre de la lignée chargé d'incarner un mort dont le deuil a été impossible.

L'auteur conclut son introduction au syndrome du gisant par une phrase prononcée par une mère ayant perdu son fils de 18 ans pendant la Première Guerre mondiale : « Je souffre de la disparition prématurée de mon fils. Je demande à tous les membres de la famille de me le rendre pour que ma peine soit diminuée[6]. » Les propos douloureux

5. M. Torok et N. Abraham, *L'Écorce et le Noyau*, Éd. Aubier-Flammarion, 1978.
6. S. Sellam, *Le Syndrome du gisant, un subtil enfant de remplacement*, Bérangel, 2003, p. 69.

de cette mère résument le processus en œuvre dans le syndrome du gisant, c'est-à-dire qu'il est demandé aux générations à venir de faire naître un enfant (ou plusieurs) porteur de cette mémoire, lequel sera chargé par le clan de faire « revivre » ce jeune soldat mort beaucoup trop tôt et dont le décès est absolument inadmissible.

> Il était une fois, à la basilique de Saint-Denis

Salomon Sellam a élaboré le « syndrome du gisant » à partir de sa propre expérience et en se remémorant une visite scolaire à la basilique de Saint-Denis, où sont enterrés les rois et reines de France. Les sépultures royales sont recouvertes d'une statue mortuaire représentant le défunt – le gisant –, allongé sur le dos et les mains jointes sur la poitrine (comme s'il priait). Rappelons que le mot « gisant » signifie « statue funéraire représentant un défunt couché ». Le « syndrome du gisant » concerne le ou les membres d'une lignée chargés de représenter (incarner) un ascendant décédé, et dont le deuil n'a pas pu être achevé. Ce n'est donc qu'en cas de deuil bloqué que l'on parlera de gisant.

Comme nous l'avons vu précédemment, Anne Ancelin Schützenberger[7] a basé son étude clinique sur le transgénérationnel à partir de la constatation que des deuils inachevés pouvaient avoir des effets délétères sur les générations à venir. Elle a magistralement décrit les loyautés familiales et les mécanismes de répétition lorsqu'un traumatisme, notamment un décès, n'a pas pu être accepté et assimilé. Elle emploie d'ailleurs un terme

7. Anne Ancelin Schützenberger, *Aïe, mes aïeux !*, Desclée de Brouwer, 1993, et *Psychogénéalogie*, Payot, 2012.

éloquent : la « patate chaude » qui se repasse de génération en génération. Cette image renvoie bien au fait que l'événement est particulièrement indigeste et impossible à assimiler.

L'originalité et la perspicacité de la découverte du Dr Salomon Sellam résident en ce qu'il décrit une symptomatologie du gisant (voir p. 147) de même qu'il le « distingue » parmi les autres membres du clan, à partir des prénoms (ce qui est on ne peut plus logique) mais surtout des dates. Ce travail de recoupement des dates apparaît en soi des plus novateurs ; en effet, si on connaissait déjà les syndromes anniversaires (c'est-à-dire un événement survenant à une même date, ou au même âge, qu'un événement similaire survenu dans la lignée), personne n'avait fait le recoupement entre les dates reliant certains membres d'une même lignée.

Mais revenons à la « découverte » du syndrome du gisant. Salomon Sellam, à partir de la prise de conscience que certains de ses patients le renvoyaient à la représentation des gisants qu'il avait vus à la basilique de Saint-Denis, a approfondi cette intuition en étudiant des centaines de cas cliniques. Il en a déduit qu'« il existe une sorte de dynamique transgénérationnelle quasi automatique de la gestion inconsciente des conséquences d'un deuil inadmissible[8] ». L'auteur explique que, pour la pérennité et la survie de l'espèce, il est contre les lois de la nature qu'un enfant décède avant ses parents, et avance que le cerveau humain a trouvé une sorte de « parade transgénérationnelle » : s'il manque un membre du clan, il faut obligatoirement le « ressusciter » symboliquement.

L'étude systématique des génosociogrammes[9] (voir p. 167) de ses patients est venue confirmer son hypothèse, c'est-à-dire que le cerveau inconscient fait preuve d'une

8. *Le Syndrome du gisant*, *op. cit.*, p. 47.
9. Arbres généalogiques adaptés à l'étude psychogénéalogique de l'histoire d'une famille.

précision surprenante lorsqu'il s'agit de répertorier les traumatismes transgénérationnels et notamment les deuils bloqués, et les reporter sur des membres du clan nés après le décès inadmissible. En effet, Sellam constate une correspondance entre les dates de naissance ou de décès d'un membre de la famille mort prématurément (bébé, enfant, jeune adulte) et dont le deuil est resté bloqué, et la date de naissance de certains membres de la même famille nés après cette fin tragique.

> Enfant de remplacement et gisant

Il ne faut pas confondre «enfant de remplacement» et «gisant». L'enfant de remplacement est conçu après le décès d'un enfant pour le remplacer. Il peut s'agir, selon les cas, d'une volonté consciente ou inconsciente des parents et, même s'il présente certaines similitudes avec le gisant, sa place est explicite. Il sait en général (si on ne le lui a pas caché) qu'il est né parce qu'un enfant est mort avant lui. Certains enfants de remplacement s'expriment ainsi : «S'il n'était pas mort, je ne serais pas là»; ou encore : «Je dois ma vie à sa mort.» Cet enfant de remplacement a par conséquent été conçu, consciemment ou non, pour combler le manque laissé par son aîné, sa place est donc explicite ; même si elle n'en est pas moins, dans la plupart des cas, inconfortable, il peut néanmoins comprendre que son mal-être provient de ce statut d'enfant de remplacement.

Jeanne, enfant de remplacement

Jeanne a 54 ans. Elle n'a jamais bien dormi, tout au plus quatre à cinq heures par nuit. Elle se réveille angoissée, souvent après avoir fait un cauchemar, et ne parvient plus à se rendormir.

Enfant, elle faisait beaucoup de cauchemars et se réveillait souvent, elle avait très peur du noir. Ses parents accouraient dès qu'elle pleurait et, bien entendu, ils étaient épuisés. Au matin, ils lui reprochaient avec véhémence de ne pas les laisser dormir, mais recommençaient la nuit suivante à la rassurer dès qu'elle faisait un cauchemar. Sa petite sœur dormait bien et ils la citaient en exemple, mais rien n'y faisait, Jeanne passait des nuits agitées. À l'adolescence, elle s'arrangeait pour dormir dans la journée, car elle a toujours bien récupéré dans la journée.

Jeanne assistait à l'une de mes conférences sur les troubles du sommeil et c'est là qu'elle a réalisé qu'elle était un enfant de remplacement. En effet, elle savait (sans vraiment le savoir puisqu'elle avait entendu vaguement parler d'un petit garçon décédé avant sa naissance) que ses parents avaient eu un bébé, mort en bas âge, avant sa naissance. Après la conférence, Jeanne a interrogé sa mère en prenant beaucoup de précautions. Celle-ci s'est effondrée en larmes, disant que ça lui faisait du bien de parler de son fils, Jacques. Son mari (aujourd'hui décédé) lui avait interdit d'en mentionner l'existence.

Jacques était un beau bébé, qui faisait la fierté de ses parents, surtout de son père qui voulait avant tout un fils. Comme la plupart des nourrissons, il se réveillait pour téter et interrompait le sommeil de ses parents plusieurs fois par nuit. Une nuit, alors qu'il avait tété une heure plus tôt, il se mit à pleurer de plus en plus fort. Le père, excédé, ordonna à sa femme de ne pas aller le chercher : il fallait bien qu'il les laisse dormir. Le lendemain matin, la jeune mère trouva Jacques inanimé dans son berceau, victime d'une mort subite du nourrisson. Le père se sentit coupable de cette mort : il pensait que, s'il avait laissé sa femme s'occuper du bébé, celui-ci serait encore vivant. Cette culpabilité pèsera sur lui toute sa vie.

Jeanne fut conçue deux mois après le décès de son frère de 2 mois. Deux mois de vie, deux mois après un décès, c'est trop court pour faire son deuil, si tant est que l'on puisse faire le deuil d'un bébé. Mais les parents n'ont pas supporté le vide laissé par leur fils et ont décidé d'avoir rapidement un autre enfant. Jeanne (dont le prénom ressemble beaucoup à celui de son frère) a donc été conçue pour soulager la souffrance et la culpabilité de ses parents. Voilà pourquoi elle faisait des cauchemars et pleurait beaucoup : elle ressentait très certainement l'angoisse et la détresse de ses parents et avait porté le deuil de Jacques et de son sort tragique dès sa gestation. En effet, une jeune mère qui a perdu un enfant projette très souvent sur le bébé à naître ses angoisses, ses attentes, sa tristesse.

Il m'arrive de suivre, dans le cadre de l'accompagnement haptonomique périnatal (voir p. 193), des couples qui attendent à nouveau un enfant après le décès d'un bébé. Ces jeunes parents vivent chaque étape de la grossesse et les mois qui suivent la naissance en se remémorant la grossesse précédente. Ils ont peur, ils sont tristes, tout en étant heureux de donner la vie ; l'angoisse de mort est sous-jacente.

Jeanne a ressenti cette charge émotionnelle enfouie au plus profond de son être depuis sa conception. Et ses angoisses, ses cauchemars et ses insomnies sont très probablement liés à cette empreinte. On comprend pourquoi ses parents accouraient à chaque fois qu'elle hurlait de terreur ou les appelait. Cela les renvoyait à cette autre fois où ils n'étaient pas arrivés à temps auprès de leur bébé. Jeanne a conscience qu'elle n'a pas complètement comblé le manque en naissant fille. Elle a d'ailleurs le sentiment de n'avoir jamais vraiment répondu aux attentes de ses parents, de les avoir plus ou moins déçus. Si cette sensation de ne pas être à la hauteur l'a profondément blessée dans son enfance, elle est maintenant consciente qu'il ne pouvait pas en être autrement, puisqu'elle n'était pas Jacques.

La psychothérapie de Jeanne porte d'abord sur l'élaboration et la symbolisation du deuil de Jacques. Nous travaillons ensuite en haptonomie (voir p. 192) et Jeanne ressent au plus profond d'elle-même l'angoisse et la tristesse qui l'ont parfois submergée, parfois accompagnée, lorsqu'elle était dans le ventre de sa mère. Elle retrouve aussi la sensation de ne pas être vraiment elle-même, bien vivante, mais plutôt survivante, en tant qu'enfant de remplacement. La levée de ces engrammes (traces mnésiques) aboutit à ce que Jeanne se sente de plus en plus vivante. Au bout de quelques séances, elle s'exprime ainsi : « Je découvre ce que c'est que de me sentir bien vivante, sans cette angoisse latente qui me taraudait depuis toujours. »

> Jeanne prend conscience que sa vie lui appartient pleinement, sans avoir à porter le deuil de son frère, deuil que ses parents ne pouvaient pas faire. Jeanne a le sentiment de renaître à la vie, de s'éveiller à de nouvelles sensations. Elle peut enfin ressentir qu'elle existe, qu'elle vit pleinement et non par défaut. Comme elle le dira : « Bien sûr, si Jacques avait vécu, je ne serais pas là, mais je suis bel et bien là et c'est bon de me sentir bien vivante. » À partir de cette séance, Jeanne connaît enfin des nuits paisibles et, comme elle aime à le dire : « Quel plaisir d'aller dormir en sachant que mon sommeil ne sera pas entrecoupé de réveils anxieux ou de longues heures d'insomnie, je revis. »

Nombreux sont les enfants de remplacement ; citons parmi eux l'exemple célèbre de Salvador Dalí, né après le décès d'un garçon nommé lui aussi Salvador Dalí. Le petit Salvador Dalí allait donc sur la tombe d'un autre Salvador Dalí, ce qui, on le conçoit, pouvait le troubler. On sait que sa fascination pour le tableau *L'Angélus* de J.-F. Millet, qu'il a lui-même décliné dans plusieurs de ses tableaux, provenait de l'intuition que, hormis le couple de paysans dont la femme est enceinte, un cercueil d'enfant était caché dans le tableau. La radiographie de l'œuvre a effectivement décelé ce cercueil recouvert par la peinture. On comprend donc que Dalí était à même de percevoir, par sa sensibilité artistique exacerbée, des représentations inconscientes renvoyant à sa position d'enfant de remplacement. D'autre part, de nombreux tableaux de Dalí renvoient à la gémellité, à la thématique du double, son propre double.

Dans le cas du gisant, que S. Sellam qualifie de « subtil enfant de remplacement », cette place est en général inconsciente, puisque la conception du « gisant » survient bien après le décès insupportable, tant à la même génération qu'aux générations suivantes.

Symptômes
et attitudes du « gisant »

Comme l'explique Salomon Sellam, l'impact du syndrome est variable. Pour certains, cette mémoire sera peu présente et ne les empêchera pas de vivre. Même s'ils sont « reliés » à un membre du clan mort tragiquement, ils peuvent vivre leur vie. Certaines personnes subissent moins que d'autres l'impact du syndrome du gisant.

Certains signes permettent de repérer un gisant.

Cette précision est importante, car, si l'étude psychogénéalogique révèle un lien transgénérationnel entre un défunt et un membre du clan, celui-ci n'est pas forcément condamné à mal vivre sa vie. Tout est relatif. En général, les personnes qui consultent, notamment pour des troubles du sommeil et qui sont « gisantes », subissent les conséquences de ce fardeau transgénérationnel. Dans ce cas, on comprendra que la personne vit pour deux, le « fantôme » qu'elle incarne et elle-même. Il s'agit de forces antagoniques, l'une tirant vers la mort, et l'autre vers sa vie. Il y a des signes, que l'on peut repérer pendant les consultations, qui renvoient au syndrome du gisant :
– des phrases clés et des attitudes : « J'ai l'impression de ne pas vivre ma vie », « À chaque fois que j'entreprends

quelque chose, j'ai l'impression de ramer à contre-courant», «Je dois en faire trois fois plus pour parvenir à un résultat, si j'y parviens», «Dès que je pourrais prendre du plaisir, vacances, soirée, je tombe malade», «J'ai tout le temps froid»... ;

– des signes tels qu'un teint blafard, un discours monocorde, une sorte de présence vide, comme si la personne était peu incarnée ;

– des tenues vestimentaires à dominante noire, quelle que soit la saison, etc. ;

– un comportement lymphatique renvoyant à un état dépressif, la personne préférant rester couchée et ayant du mal à se mettre en mouvement ;

– ou l'excès inverse, une hyperactivité : elle ne tient pas en place, doit toujours trouver des activités sportives à haut risque et n'arrive pas à se poser ;

– des troubles du sommeil. Puisque dormir c'est mourir, elle veille pour deux.

Dormir, c'est mourir.

J'invite le lecteur qui souhaiterait approfondir cette thématique du «syndrome du gisant» à lire les ouvrages de Salomon Sellam (voir bibliographie, p. 225).

Carole, gisante de sa tante

Cette jeune femme de 35 ans consulte parce qu'elle souffre de TOC (troubles obsessionnels compulsifs) : elle doit constamment effectuer des rituels pour conjurer le mauvais sort, vérifier plusieurs fois que le gaz est fermé, etc. D'autre part, elle dort très mal. En fait elle n'a jamais bien dormi. Pour elle : «Ça doit être de famille, mon père a lui aussi de gros problèmes de sommeil.»

Ces paroles résonnent à mes oreilles. Serions-nous en présence d'une transmission familiale de l'angoisse de mort ? En effet, les TOC renvoient en général à l'angoisse de mort, de même que certains troubles du sommeil. Carole est surtout venue pour être délivrée de ses TOC qui lui gâchent la vie. Les troubles du sommeil sont pour elle secondaires, ils relèvent de la fatalité.

Elle a apporté tous les éléments nécessaires pour élaborer son génosociogramme.

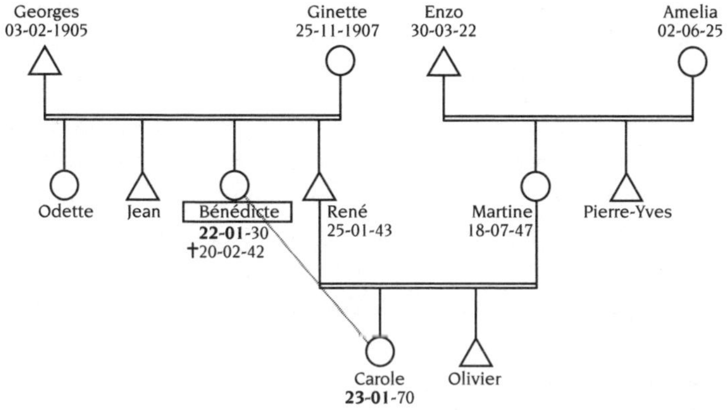

Carole

Carole est reliée à Bénédicte (même jour de naissance, à un jour près).
Elle est donc la gisante de sa tante.
Son père René a été conçu en avril 1942, soit deux mois après le décès de sa sœur.

Une information essentielle apparaît d'emblée : son père, qui s'appelle René (entendez « re-né »), est né après le décès d'une jeune fille de 12 ans, Bénédicte, la petite dernière d'une fratrie de trois enfants. Cette perte insupportable a amené les parents alors âgés de 40 ans à concevoir un autre enfant, et ce fut René. Carole décrit son père comme taciturne : « Même s'il a le cœur sur la main, il montre peu ses émotions, et en effet il n'a jamais bien dormi. » René est bien évidemment un enfant de remplacement, et il porte ce fardeau depuis toujours, ce qui se manifeste par son caractère et son mauvais sommeil. Carole a toujours su que son père avait été conçu parce que sa grande sœur était morte, et elle supposait que son caractère renfrogné en était la conséquence, mais elle n'avait jamais fait le lien avec ses propres troubles du sommeil. Il reste à vérifier si Carole, première d'une fratrie de deux, est la gisante de sa tante Bénédicte.

Et c'est bel et bien le cas. En comparant les prénoms et les dates marquantes, je constate que son deuxième prénom est Bénédicte et qu'elle est née un 23 janvier, alors que Bénédicte est née un 22 janvier. Cette constatation ne semble pas affecter Carole. La séance d'haptonomie (voir p. 192) qui suit lui apporte, pour reprendre ses mots, « une simple détente ». Je lui suggère alors d'aller avec son père sur la tombe de Bénédicte après lui avoir écrit une lettre d'adieu. Elle s'écrie : « Alors ça ne risque pas de se faire, mon père a horreur des cimetières et il va me prendre pour une allumée ! » Je l'incite néanmoins à essayer.

Carole revient tout sourire à la séance suivante : « Mon père a accepté d'aller sur le caveau de famille et il a pris ma démarche au sérieux, je n'en reviens pas. » La jeune femme, qui jusque-là avait du mal à sentir le lien qui la relie à Bénédicte et, surtout, l'entrave pour vivre sa propre vie, finit par admettre : « Quand j'ai vu le nom et les dates de Bénédicte avec la petite photo, j'ai éprouvé un tel chagrin… Ça m'a vraiment fait quelque chose, surtout que je ne m'y attendais pas. » Cette visite au cimetière l'a rapprochée de son père, celui-ci étant plus avenant avec elle, alors qu'il était plus proche de son fils. Carole représentait inconsciemment Bénédicte, et on ne s'approche pas trop d'un « fantôme ».

Et surtout, Carole passe enfin de bonnes nuits : « Je n'ai jamais aussi bien dormi de ma vie. Le soir même après le cimetière, j'ai dormi comme un bébé. » On l'aura compris, Carole, premier enfant d'un enfant de remplacement et gisante d'un enfant mort, ne pouvait vivre paisiblement sa vie et dormir en toute sécurité. Notons au passage que sa tante est morte du croup[1] (en étouffant, faute de traitement approprié) et que Carole avait constamment des angines ; gageons que ce symptôme lui aussi disparaîtra. Le fait est qu'à sa dernière séance elle n'a plus de gêne dans la gorge, et que c'est inhabituel.

J'ai revu Carole pour deux séances d'haptonomie. Ses TOC se sont estompés et ont fini par disparaître. Il lui a fallu une période d'adaptation pour changer de comportement et se libérer des rituels compulsifs qui avaient jusque-là occupé une bonne partie de son existence.

1. Le croup est une inflammation du larynx, de la trachée et des bronches, plus fréquemment observée chez les enfants.

Chloé, gisante de son grand-père

Cette jeune femme de 32 ans, souriante et sympathique, vient consulter pour des insomnies chroniques et des douleurs de dos qui l'empêchent presque de marcher. Elle a d'ailleurs dû cesser ses activités et rentrer d'un pays d'Afrique où elle travaille dans la coordination d'ONG. Elle m'explique qu'elle y a mené depuis deux ans une vie très dure, ce pays étant une semi-démocratie où des factions armées s'opposent ; elle décrit les risques qu'elle encourt au quotidien et les conditions de vie spartiates dans lesquelles elle fait en sorte de tenir le coup : précarité alimentaire, logement insalubre, danger permanent.

Cela fait plus de dix ans que Chloé travaille en Afrique ou en Asie pour des ONG, elle est heureuse de cet accomplissement professionnel et existentiel. Toutefois, elle reconnaît qu'elle accepte de plus en plus de missions dans des pays très instables. Elle a conscience de se mettre en danger. De plus, ses conditions de vie précaires ont eu des répercussions sur sa santé, notamment des lombalgies. Elle a toujours mal dormi, mais sa dernière mission a déclenché des insomnies chroniques. Elle dort très peu et très mal : « J'ai plus l'impression de survivre que de vivre, mais il faut bien que quelqu'un assure. »

Elle a accepté de consulter alors que, dit-elle : « Je ne suis pas du genre à m'écouter, mais là je craque et je n'en peux plus. » Je ne me hasarderai pas à affirmer que les intervenants dans des missions humanitaires jouent avec leur vie, bien heureusement ils effectuent un travail dans bien des cas des plus utiles. Mais, dans le cas extrême de Chloé, j'envisage d'emblée qu'en choisissant des missions dangereuses, tant par le contexte que par les conditions dans lesquelles elles se déroulent, elle joue sa vie à la roulette russe ; c'est d'ailleurs ce qu'elle exprime lorsqu'elle dit qu'elle « survit ».

Je ne vois Chloé que deux fois. À la première séance, nous nous penchons sur son histoire : enfance heureuse et parents bienveillants. Son père était introverti et taciturne, mais « il nous aimait ». Rien en apparence qui justifie une telle souffrance. Je lui demande de me parler de son père et elle relate une histoire des plus tragiques. En effet, son grand-père paternel, ruiné par un homme d'affaires véreux, s'est suicidé lorsque le père de Chloé avait 10 ans; c'est d'ailleurs lui qui l'a trouvé pendu et qui lui a retiré la corde. On peut imaginer le traumatisme vécu par ce jeune garçon. Le père de Chloé a toujours été discret, il n'a jamais parlé du suicide de son propre père, et Chloé l'a appris par une de ses tantes, plus âgée que lui et qui n'était pas là lorsque le drame est survenu.

À la deuxième séance, l'hypothèse que j'ai émise lors de la première (après l'élaboration de son génosociogramme[2], même s'il manquait des dates), à savoir que Chloé, fille aînée de son père, était probablement reliée par les dates à son grand-père paternel, se révèle exacte : Chloé peut donner les dates de naissance/décès de son grand-père, et nous constatons qu'elle est née le même jour que lui. Comme Chloé est catholique pratiquante, je lui suggère de faire dire une messe pour son grand-père et de lui faire enfin ses adieux, ce qu'elle fait en compagnie de sa mère et de sa sœur (son père étant décédé).

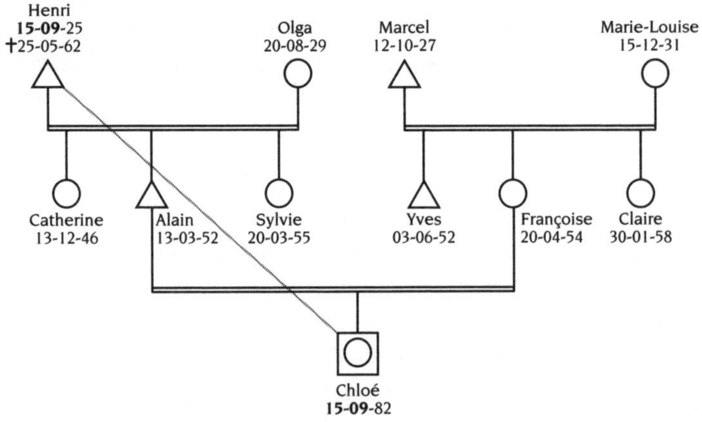

Chloé

Chloé est née le même jour que son grand-père paternel.

La séance d'haptonomie (lors de ce deuxième rendez-vous avec Chloé) porte bien entendu sur le sentiment d'être bien vivante et de ne plus porter ce deuil non résolu qui l'empêchait de vivre.

2. Voir p. 167.

Au moment de partir, elle me dit : « Je me sens plus légère, et j'ai l'impression que ça se dénoue dans mon dos. » Nous sommes à la veille de longues vacances et elle doit me recontacter à son retour. Je n'ai pas eu de nouvelles et je suppose qu'elle est repartie en Afrique.

Quelques mois plus tard, sa mère me rappelle pour me remercier et me tenir informée. Depuis ce travail de deuil, Chloé dort bien et n'a plus mal au dos. Par ailleurs, elle a pu choisir une mission dans un pays d'Afrique où la vie est plus simple et où elle a le sentiment de vivre et non pas de survivre, tout en continuant à faire un travail utile.

Certaines évolutions sont plus surprenantes que d'autres. Sans nouvelles de Chloé qui était rapidement repartie en mission alors que j'étais en vacances, j'étais loin de supposer que ses troubles, sa souffrance massive, se soient aussi vite résolus. C'est pourtant le cas : le fait de se délester du fardeau du suicide de son grand-père lui a permis de vivre et de choisir de bien vivre, sans souffrir ni du manque de sommeil, ni de maux de dos, ni de conditions de vie extrêmes.

Comment déceler un gisant ?

Comme nous l'avons vu, Salomon Sellam a étudié des centaines d'arbres généalogiques et a pu déterminer plusieurs pistes pour repérer l'existence d'un « gisant ».

> Les prénoms

Il est courant que l'on donne, consciemment ou non, un prénom identique ou similaire à celui d'un disparu ; par exemple une petite fille portera le prénom de Jacqueline alors que sa mère a perdu un frère prénommé Jacques. Parfois, le prénom perpétue inconsciemment la mémoire d'un ascendant. C'est en faisant des recherches que l'on trouvera un Pedro décédé pendant la guerre civile espagnole, et deux générations plus tard un enfant prénommé Pierre, alors que ses parents n'avaient pas consciemment connaissance de la perte d'un grand-oncle dans les années 1930 en Espagne. Mais dans ce cas, consciemment ou non, on choisit un prénom, alors qu'il est pratiquement impossible de décider consciemment de la date de naissance ou de conception d'un enfant.

>Les dates de conception et de naissance

L'étude et le recoupement des dates de conception et de naissance pour déceler un syndrome du gisant est sans aucun doute la découverte la plus étonnante et pertinente de Sellam. En effet, on peut constater que l'ordinateur central qui régit notre inconscient se révèle parfois d'une précision implacable. On ne sait généralement pas quand on conçoit un enfant et, quand bien même on le saurait, on ne pense certainement pas à le faire naître pour raviver la mémoire d'un ascendant disparu. Or Sellam constate que certains membres de la famille ont été conçus ou sont nés à la même date de naissance ou de décès qu'un autre membre dont la mort n'a jamais pu être acceptée, dont le deuil est resté «en souffrance».

D'aucuns diront que ce sont des coïncidences, et dans certains cas cela peut l'être. Mais lorsque les dates coïncident et que le «gisant» porte une réelle souffrance se traduisant notamment par des troubles du sommeil, que cette prise de conscience lui permet de se dégager du fardeau transgénérationnel et de vivre pleinement sa vie, y compris de bien dormir, on ne peut que constater l'intérêt de cette théorie.

>Comment étudier les dates?

Il faut tout d'abord connaître les dates de naissance et de conception d'un sujet. Plutôt que de soustraire neuf mois au mois de naissance, je vous propose une astuce beaucoup plus simple : lui ajouter trois mois. Ainsi, une personne née par exemple un 1er avril a été conçue un 1er juillet. Il convient de préciser si la personne est née à terme. En cas de naissance prématurée, si la date de naissance correspond à une date anniversaire (décès, naissance, conception), on en tiendra compte, puisque là aussi l'inconscient a fait en sorte que la personne naisse à cette date-là.

Une fois ces deux dates identifiées, il s'agira de détecter dans le génosociogramme les morts inadmissibles, les deuils inachevés et de faire les recoupements entre les dates de conception ou de naissance du patient.

Comment s'opère la transmission d'une génération à une autre ? Les réponses de l'épigénétique

>La transmission chez les animaux

La psychologie transgénérationnelle, dès le début, a fait l'objet de nombreuses attaques, car elle n'expliquait pas concrètement comment un traumatisme ou des émotions pouvaient se transmettre d'une génération aux suivantes, sans le biais du récit : en effet, dans les familles concernées, on ne parle pas des deuils non faits et des autres événements négatifs.

Cela jusqu'à l'apparition d'une discipline récente, l'épigénétique[1], qui étudie l'influence de l'environnement sur l'expression des gènes. Pas sur les gènes eux-mêmes (qui ne sont pas modifiés), mais sur le fait qu'ils soient, d'une certaine manière, « allumés » ou « éteints » par des facteurs environnementaux. De nombreuses études ont montré que la modification de l'expression d'un gène pouvait se transmettre d'une génération à l'autre (je n'entrerai pas ici dans des explications techniques, mais si vous souhaitez en savoir plus je vous renvoie vers le

> La modification de l'expression d'un gène peut se transmettre d'une génération à l'autre.

1. Fondée par le biologiste Conrad Hal Waddington qui la définit en 1942 comme une branche de la biologie.

site de Futura-Sciences[2]). Ainsi, celle de Brian G. Dias et Kerry J. Ressler, deux scientifiques américains, montre que lorsqu'une souris mâle est exposée à une odeur « angoissante » on observe des répercussions de cette expérience désagréable sur le système nerveux, l'anatomie et les comportements des mâles des deux générations suivantes[3]. Dans cette expérience, lorsque des souris mâles étaient exposées à une odeur précise, elles recevaient un choc électrique. Par association, l'odeur est donc devenue stressante pour elles. On a constaté que les descendants de ces souris, qui n'avaient pas été en contact avec leur père, réagissaient en sursautant lorsqu'ils sentaient cette même odeur. Le stress subi par les souris de la première génération avait été transmis par le biais de leur ADN aux deux générations suivantes.

> La transmission chez les humains

Chez les êtres humains, différents travaux portant sur l'impact transgénérationnel d'un stress tendent à démontrer qu'un événement stressant survenant à une génération donnée retentit sur les générations suivantes. Voici un exemple.

En 1944, une région des Pays-Bas fut encerclée par l'armée allemande, la population connut une famine qui dura plusieurs mois. Les femmes enceintes donnèrent naissance à des bébés rachitiques. Une étude portant sur les deux générations suivantes montra que les nouveau-nés des années 1960 étaient aussi rachitiques, de même que ceux des années 1980, malgré de bons apports nutritionnels. Cette terrible famine subie par les femmes

2. http://www.futura-sciences.com/magazines/sante/infos/dico/d/genetique-epigenetique-136/
3. Dias B. G. et Ressler K. J., « Parental Olfactory Experience Influences Behavior and Neural Structure in Subsequent Generations », *Nature Neuroscience*, 2013, 17(1), pp. 89-96.

enceintes a généré des changements transmis ensuite de génération en génération[4].

Une étude suédoise révèle que des arrière-grands-parents ayant vécu la famine transmettent ce stress à leur lignée, ce qui par conséquent modifie l'expression de l'ADN de leurs descendants, lesquels peuvent développer des pathologies résultant de cette privation de nourriture, notamment l'obésité[5]. Le professeur Pierre Bustany a notamment démontré (IRM à l'appui) que des descendants d'alcooliques présentaient une hyperréactivité à l'alcool. On présentait de l'alcool à deux groupes, l'un de descendants d'alcooliques, et l'autre sans problèmes d'alcool dans leur famille. Si l'imagerie cérébrale restait identique lorsque l'on montrait aux deux groupes des aliments, elle était nettement différente lorsqu'on leur présentait de l'alcool, les descendants d'alcooliques y étant beaucoup plus sensibles.

Boris Cyrulnik étudie les conséquences de stress transgénérationnels, ou survenus pendant la gestation. Il a signalé une hypertrophie de l'amygdale du cerveau en cas de stress pendant la gestation[6].

Toutes ces recherches viennent confirmer scientifiquement ce que la psychologie transgénérationnelle a découvert empiriquement, c'est-à-dire que les stress ou traumatismes vécus par nos ancêtres peuvent rejaillir sur notre vie et celle de nos enfants. Les travaux d'épigénétique démontrent également que si des stress peuvent s'inscrire dans la mémoire génétique, ils peuvent également en être effacés[7].

4. www.podcastscience.fm/dossiers/2010/09/16/dossier-l-epigenetique/
5. G. Kaati, L. O. Bygren *et al.*, « Transgenerational Response to Nutrition, Early Life Circumstances and Longevity », *European Journal of Human genetics*, 2007, 15, pp. 784-790.
6. Colloque Art Science Pensée, Mouans-Sartoux, septembre 2013.
7. J. Gräff, N. F. Joseph *et al.*, « Epigenetic Priming of Memory Updating during Reconsolidation to Attenuate Remote Fear Memories », *Cell*, Volume 156, Issues 1-2, pp. 261-276, 16 janvier 2014.

J'invite le lecteur à se pencher sur cette discipline qui vient révolutionner la compréhension de l'être humain, sa relation à son environnement et ses héritages familiaux. Gageons que ces découvertes feront couler beaucoup d'encre. Elles tendent à démontrer l'impact des expériences traumatiques anténatales et transgénérationnelles et le stress qu'elles peuvent générer. Ce stress peut bien entendu retentir sur le sommeil.

Des outils
pour analyser vos troubles du sommeil

Afin de pouvoir analyser les troubles du sommeil d'une personne, il est nécessaire de recueillir le maximum d'informations au sujet de sa vie et de sa famille. Pour cela, j'utilise (et vous pouvez utiliser de votre côté) le génosociogramme et le bilan Fondations de vie.

Le génosociogramme

Le génosociogramme est l'outil de base de la psychologie transgénérationnelle[1]. Il contribue à déceler les causes de différentes difficultés existentielles, et notamment de troubles du sommeil. Cette présentation du génosociogramme est générale, elle ne se cantonne pas seulement aux troubles du sommeil, mais à toutes les conséquences qu'un individu et sa lignée peuvent rencontrer du fait de blocages transgénérationnels.

> Qu'est-ce que le génosociogramme ?

C'est un arbre généalogique adapté à l'étude psychogénéalogique de l'histoire d'une famille[2]. Vous avez pu en voir dans les chapitres précédents (par exemple p. 152). La simple étude de l'histoire familiale et les révélations qu'elle est susceptible d'entraîner s'avèrent être à elles seules un facteur d'évolution pour le sujet concerné. Elles permettent, entre autres, de réaliser que notre histoire n'a pas commencé avec nos parents, en les situant dans leur histoire familiale. Bien entendu, ce processus apporte

1. Voir les sites internet et les ouvrages concernant la psychologie transgénérationnelle, p. 225 et p. 227.
2. Nous devons le génosociogramme à Anne Ancelin Schützenberger, créatrice de la psychogénéalogie (autre nom de la psychologie transgénérationnelle).

un nouvel éclairage aux relations interpersonnelles au sein du groupe familial et aux trajectoires de vie de ses membres.

Le génosociogramme peut révéler des loyautés familiales inconscientes, des secrets, des répétitions, des traumatismes divers, de même que des transmissions positives. Cet éclairage contribue à « séparer le bon grain de l'ivraie », c'est-à-dire à choisir de conserver les transmissions positives et se départir des transmissions (conscientes ou inconscientes) néfastes et traumatisantes, ainsi qu'à terminer les deuils inachevés. L'élaboration du génosociogramme se révèle à elle seule thérapeutique. Elle confronte aux difficultés, contextes et événements traumatiques rencontrés par les générations précédentes. Le seul fait de contempler son génosociogramme dans son ensemble permet de prendre du recul vis-à-vis des trajectoires de vie de certains aïeux et de s'autoriser à vivre sa propre vie.

Le génosociogramme est un arbre généalogique adapté à l'étude psychogénéalogique de l'histoire d'une famille.

> Comment le construire ?

Il est préférable de collecter des données sur quatre générations. En effet, si certains praticiens de la psychologie transgénérationnelle étudient l'arbre parfois sur dix générations, je privilégie une approche ciblée, remontant jusqu'aux arrière-grands-parents. L'épigénétique confirme l'intérêt d'une étude sur quatre générations, puisqu'elle démontre qu'un traumatisme enregistré dans le génome s'estompe au bout de trois ou quatre générations, comme l'a expliqué le professeur P. Bustany au 23e colloque de l'association Art Science Pensée[3].

3. Colloque « Art Existence Cerveau », 2013, Mouans-Sartoux.

Cette étude concerne donc :
– les arrière-grands-parents et leurs collatéraux (fratrie, personnes importantes dans leur famille, cousins, nourrice, etc.) ;
– les grands-parents et leurs collatéraux ;
– les parents et leurs collatéraux ;
– la génération de la personne concernée ;
– ses enfants, neveux et nièces, etc.

> Les éléments à connaître

Les prénoms

Ils sont révélateurs, et n'ont pas été donnés par hasard. Ils dénotent une intention parfois consciente et souvent inconsciente. Ainsi, le prénom peut être celui d'un enfant décédé avant la naissance du patient, tant à sa génération qu'à une génération précédente. S'il est courant que l'on donne à un enfant le prénom d'un grand-parent, ce prénom peut néanmoins renvoyer à la problématique rencontrée par un des parents du consultant (abandon, maltraitance, carence affective, maladie, décès précoce, difficultés professionnelles ou financières, etc.).

Les prénoms ne sont jamais donnés au hasard.

Le prénom peut aussi être celui d'un amour de jeunesse, d'un premier mari (de la mère ou de la grand-mère), ou celui du vrai géniteur, d'un autre enfant caché du père ; il peut aussi être celui d'un acteur ou d'un personnage de film, ou encore renvoyer à un secret de famille.

Le « langage des oiseaux » peut également révéler le sens inconscient d'un prénom. Un des exemples classiques en la matière est le prénom « Sylvie », que Françoise Dolto décryptait comme signifiant « s'il vit ». Bien entendu, on ne saurait appliquer systématiquement ce décryptage, mais il peut s'avérer être un précieux indice et il convient de tenir compte de son contenu symbolique[4].

Les dates de naissance précises (jour, mois, année)

La date de naissance est un élément important. Le fait qu'un enfant naisse le jour de l'anniversaire d'un autre membre de la famille peut être un hommage, une sorte de « cadeau », et si parfois cet hommage inconscient est positif, il est courant qu'il révèle un lien de dépendance (par exemple entre une fille et sa mère, ce peut être une manière de « donner » son enfant à sa mère).

La date de naissance peut aussi correspondre à la date de décès d'un membre de la famille, et dans ce cas il convient d'évoquer un deuil non fait : peut-être qu'il est inconsciemment demandé à celui qui naît à cette date anniversaire de porter et remplacer la mémoire du défunt dont on n'a pas fait le deuil.

Les prénoms et les dates de naissance et de décès peuvent aussi révéler un syndrome du gisant (voir p. 137).

Les autres dates marquantes

Les dates de mariages, de PACS.

Les dates de divorces.

Les dates d'événements importants : événements et contexte historique, faillites, réussites et échecs divers.

Autres éléments importants

– Les déracinements (par exemple la perte de l'Algérie pour les pieds-noirs, les persécutions des juifs ou des Arméniens, la guerre d'Espagne).
– Les migrations plus ou moins choisies.
– Les maladies chroniques.

---

4. Voir Paola del Castillo, *La Symbolique des prénoms en psychogénéalogie*, Éditions Quintessence, 2003.

– Les morts prématurées : enfant en bas âge, jeune adulte.
– L'éclatement de la famille dû à un contexte historique (guerre, persécution, misère, etc.).
– L'éloignement d'un parent (raisons économiques, séparation, double vie...).
– Les enfants élevés ailleurs (tantes, grands-parents, orphelinat, sanatorium).
– Les enfants partis très tôt (ex : une fillette placée comme bonne à l'âge de 10 ans).
– Les dates historiques : par exemple, le 11 novembre revient couramment dans les génosociogrammes, cela renvoie bien entendu à la Première Guerre mondiale et il convient de rechercher dans l'arbre les conséquences de ce conflit sur un ou plusieurs aïeux.
– Les métiers et le niveau d'études.
– Le rang dans la fratrie.

Cette collecte de données peut sembler compliquée voire impossible si l'on fait partie d'une famille où on ne parle pas, et surtout pas d'histoires de famille plus ou moins complexes ou traumatisantes.

En cas de réticence de membres de la famille susceptibles de détenir des informations, il est possible de se contenter d'évoquer l'élaboration d'un arbre généalogique, sans évoquer une recherche clinique. Dans d'autres cas, des membres de la famille fourniront volontiers des informations et prendront activement part à la recherche psychogénéalogique. Chaque individu a le droit d'avoir une famille, et il est donc légitime de collecter des données sur ses lignées maternelle et paternelle.

L'élaboration de l'arbre généalogique ayant un effet cathartique, il est courant, surtout lorsqu'on interroge des personnes âgées, que les langues se délient. Et parfois des secrets de famille, des traumatismes refoulés, des histoires pas claires remontent à la surface presque tout naturellement. Les personnes âgées sont en général heureuses qu'on s'intéresse à leur histoire, ce peut être pour elles l'occasion de se délester d'un fardeau qu'elles ont porté toute leur vie. Quelquefois ce sera plus difficile, soit parce que les personnes ne sont plus en mesure de fournir ces informations, soit parce qu'elles décident de ne pas parler. Dans la plupart des cas, ce mutisme délibéré renvoie à une souffrance qu'elles ont décidé d'enfouir, ce qu'on ne peut que respecter.

Lorsqu'il est impossible d'obtenir toutes les données nécessaires par sa famille, on peut toujours se tourner vers les registres de l'état civil. Il suffit d'écrire aux mairies pour obtenir des extraits d'actes de naissance. Les sites de généalogie peuvent être une aide précieuse, ils sont très actifs et leurs adhérents échangent des informations aux quatre coins de la France[5].

Enfin, il est possible que l'on n'ait pas accès à toutes les données. C'est d'ailleurs une question qui m'est couramment posée : « Peut-on faire une démarche psychogénéalogique si on ne peut pas connaître l'histoire de sa famille dans son ensemble ? » Dans ce cas, comme le disait une psychologue de l'Aide Sociale à l'Enfance confrontée à ces « trous » dans l'arbre généalogique, « on fait en sorte de recoller les morceaux, et de construire un puzzle pour obtenir une vue d'ensemble ».

Les symboles du génosociogramme

– Les cercles : personnes du sexe féminin.
– Les triangles : personnes du sexe masculin.
– Les carrés : lorsqu'on ne connaît pas le sexe de la personne.
– Les carrés en pointillé : avortement ou fausse couche, sexe inconnu.
– Les cercles ou triangles en pointillé : avortement ou fausse couche, sexe connu.

5. Voir adresses p. 227.

– Le cercle ou triangle encadré : personne élaborant son génosociogramme.
– Le double trait unissant deux personnes : mariage.
– Le trait simple unissant deux personnes : union libre ou PACS.
– Le trait pointillé unissant deux personnes : relation simple.
– Un trait oblique : séparation.
– Un double trait oblique : divorce.
– Remariages : on numérote dans l'ordre des mariages ou unions.
– Enfants : on numérote le rang dans la fratrie et on compte les fausses couches connues.
– Deux cercles ou deux triangles, ou un cercle et un triangle relié par un trait : jumeaux.
– Croix : décès, on indique la date du décès.
– Trait oblique sur lien de filiation : relation coupée.

Les lettres symboles du génosociogramme

Ac : accident
Fc : fausse couche
Ad : adoption
Ab : abandon
IVG : avortement
Mn : enfant mort-né
Aa : alcoolisme
S : suicide
Mb : mort brutale
K : cancer
TB : tuberculose
C : maladie cardiaque
AVC : accident vasculaire cérébral
Add : addiction (jeu, drogue, sexe...)

P : père
M : mère
GPP : grand-père paternel
GMP : grand-mère paternelle
GPM : grand-père maternel
GMM : grand-mère maternelle
AGPM : arrière-grand-père maternel
AGPP : arrière-grand-père paternel
AGMM : arrière-grand-mère maternelle
AGMP : arrière-grand-mère paternelle

Une fois ces données indiquées, vous pouvez relier par des traits de couleur de votre choix certains membres ou certaines données. Par exemple :
– bleu, les personnes dont les dates de naissance et de conception correspondent, qui portent les mêmes prénoms ;
– noir, les personnes dont les dates de naissance ou de conception correspondent à la date d'un décès survenu avant leur naissance ;
– rose : liens de cœur positifs ;
– gris et en zigzag : les liens conflictuels ;
– vert : même métier, ou métier s'inscrivant dans la même orientation ;
– violet : même trajectoire de vie (par exemple travail expatrié, etc.).

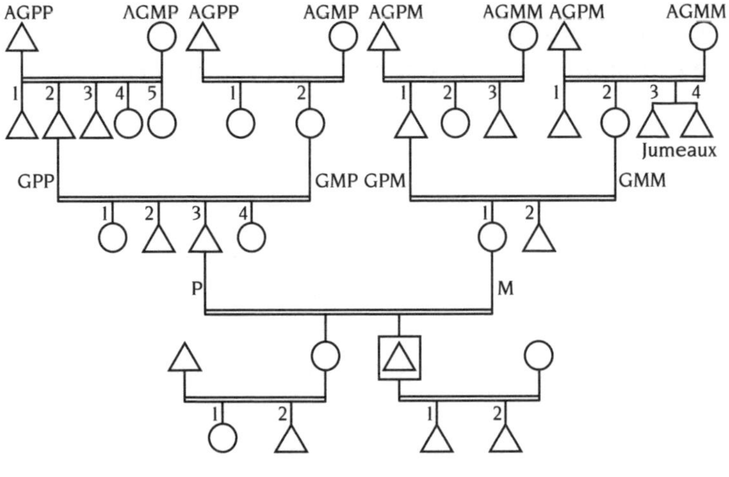

Modèle de génosociogramme

> Méditer sur son génosociogramme

L'élaboration du génosociogramme peut à elle seule générer des prises de conscience et des émotions. Lorsqu'elle sera terminée, il conviendra de parachever ce schéma en laissant remonter des informations, sensations, émotions inconscientes en le contemplant (à cet effet, vous trouverez un exercice p. 209). Je suggère de l'afficher chez vous, dans un endroit privé où dans une pièce où vous vous sentez bien, et de le regarder de temps à autre, en notant au fur et à mesure les informations qui remontent à la conscience.

Le bilan
Fondations de vie

Comme nous l'avons vu, les troubles du sommeil trouvent généralement leur origine dans la toute prime enfance ou dans le transgénérationnel. Il convient donc de reprendre les différentes étapes de la période pré et postnatale et d'examiner certains éléments signifiants.

C'est l'objectif du bilan Fondations de vie[1]. Ce bilan est l'étude et la compréhension des fondations de la vie d'un être humain : le contexte de sa conception, de sa gestation et de ses deux premières années de vie. Il se révèle essentiel lorsqu'on veut comprendre, entre autres, l'origine de troubles du sommeil. Je considère cette période pré et postnatale comme étant le « disque dur d'une vie », puisque le sujet répétera inconsciemment certaines composantes de cette partie de son histoire tout au long de son existence.

> Le bilan Fondations de vie correspond à l'étude et la compréhension des fondations de la vie d'un être humain : le contexte de sa conception, de sa gestation et de ses deux premières années d'existence.

Certains états dépressifs ou certaines angoisses peuvent provenir de cette période pré et postnatale, même

1. Nommé « Projet Sens » dans ses précédentes versions, notamment dans mon ouvrage *Les Fondations de l'être*, Éditions Quintessence, 2008.

s'ils surgissent au cours de la vie adulte. Des éléments d'anamnèse du bilan Fondations de vie peuvent être comparés à des fissures dans les fondations d'une personne. À certains moments critiques de l'existence, ces fissures peuvent faire craquer l'équilibre maintenu depuis des années. On sait que certaines maisons tiennent bien que leurs fondations ne soient pas vraiment stables, et qu'elles peuvent soudain se fissurer en cas de grosses crues, ou de miniséisme. Il en va de même pour la vie humaine. Nous sommes tous dotés d'une certaine capacité de résilience[2], et pouvons vivre avec ces fissures. Il va de soi qu'aucune trajectoire de vie ne peut être parfaite et que certaines imperfections peuvent nous aider à nous construire. Néanmoins, des périodes anniversaires, des épreuves, des répétitions transgénérationnelles peuvent déstabiliser notre construction. J'ai d'ailleurs consacré un ouvrage à ce thème si essentiel[3].

> Le contexte de la conception

Il semble évident que les conditions de la conception d'un individu peuvent se révéler décisives pour son existence. Hormis le contexte socio-économique difficile ou favorable (difficultés professionnelles des parents ou aisance financière, angoisse du lendemain ou vision positive de l'avenir), le contexte psychoaffectif et la place – ou la place par défaut – de l'enfant à venir seront déterminants.

> Un enfant conçu dans le rejet peut éprouver une angoisse d'abandon massive à l'origine de troubles du sommeil.

2. Capacité à vivre, à se développer, en surmontant les chocs traumatiques, l'adversité (*Le Petit Robert* 2012, p. 2214).
3. *Les Fondations de l'être*, Éditions Quintessence, 2008.

Ces éléments sont tellement marquants qu'il est courant qu'un patient annonce sans préambule lors d'une première consultation : « D'abord, je suis un accident » ou encore : « J'ai déçu mes parents, car je suis une fille et ils attendaient un garçon », ou l'inverse. J'ai maintes et maintes fois constaté que les enfants qui s'étaient vécus comme des « accidents », voire des « catastrophes », avaient tendance toute leur vie durant à se suradapter aux désirs de leurs parents et des autres, développant ainsi un « faux self », une fausse personnalité qui bloque leur épanouissement et leur devenir. Il se peut que l'enfant conçu dans le rejet éprouve une angoisse d'abandon massive, laquelle peut être un des facteurs à l'origine des troubles du sommeil.

D'autres éléments seront à prendre en compte :

– les projections faites sur l'enfant : « Il sera médecin, puisque je n'ai pas pu faire médecine » ;

– son rang dans la fratrie, qui peut générer un « copier-coller » des positionnements et conflits au sein de la fratrie de chacun de ses parents (par exemple un conflit entre un aîné et un cadet).

Enfin, la problématique des enfants de remplacement (voir p. 143), tant au sein de la fratrie que dans la lignée d'un des parents, est l'une des causes majeures des troubles du sommeil. En effet, il est fréquent que l'enfant de remplacement ne dorme pas, l'angoisse de mort l'empêchant de dormir ; de plus, en ne dormant pas il rassure ses parents lorsqu'ils ont peur que lui aussi meure.

> La grossesse

Cette période sensible au cours de laquelle le bébé se construit jour après jour, en éveillant l'un après l'autre ses cinq sens, est bien entendu décisive. Le bébé est en constante interaction avec sa mère, son père et avec leur environnement. Il perçoit de l'intérieur leurs sentiments, l'accueil qu'ils lui réservent, leur présence ou leur absence affective, leur joie ou leur tristesse, leur angoisse. Cette phase de construction de l'enfant en devenir – perçu, mais pas encore connu, présent et absent à la fois – apparaît fondatrice pour son sentiment d'exister et sa sécurité de base. En effet, un enfant attendu et confirmé dès sa conception et tout au long de sa gestation sera à même de se sentir en sécurité, sachant qu'il n'a pas à se démener pour recevoir amour et tendresse, ce qui est bien entendu essentiel pour l'épanouissement de tout être humain.

Divers facteurs pourront se révéler néfastes lors de la gestation d'un bébé en devenir :
– le sentiment éprouvé par la mère d'être « lâchée » pendant la grossesse, tant affectivement que physiquement ; d'être abandonnée par son compagnon, voire son entourage ;
– les angoisses relatives à la santé de l'enfant : diagnostic anténatal négatif, fausses couches précédant la grossesse, ou encore problèmes de santé dans la famille ;
– les deuils survenus au cours de la grossesse ;
– les traumatismes affectant les parents pendant cette période ;
– si la mère a du mal à être affectivement présente pour son bébé, celui-ci pourra vivre sa gestation dans un isolement affectif renvoyant à l'abandon, qu'il pourra ressentir tout au long de sa vie.

Le bébé est en constante interaction avec ses parents. Il perçoit de l'intérieur leurs sentiments, l'accueil qu'ils lui réservent, leur présence ou leur absence affective, leur joie ou leur tristesse, leur angoisse.

> La naissance

« On vit comme on naît. » Cet aphorisme énoncé par des professionnels de la naissance, même s'il est quelque peu excessif, renvoie néanmoins à l'aspect fondateur de la naissance. On sait que la naissance est à l'origine de peurs, d'inhibitions et même de sentiments de culpabilité. Naissance facile ou difficile, travail laborieux, interminable, dilatation qui stagne, souffrances insupportables de la mère, déchirures, risque vital pour le bébé ou pour la mère, forceps, ventouse, césarienne, prématurité… (voir aussi « Le traumatisme de la naissance », p. 83). Cette énumération comporte les thèmes récurrents abordés lorsqu'une personne évoque sa naissance et ses stigmates.

Il est fréquent que ces éléments traumatisants aient été plus ou moins occultés, les parents préférant garder un souvenir positif de ce bel événement. Ce n'est que lorsque les patients les interrogent qu'ils prennent conscience de certains traumatismes qui ont été parfois déterminants durant toute leur vie. Au contraire, d'autres connaissent par cœur le récit traumatisant ressassé par leur mère : « À cause de toi j'ai été déchirée, une vraie boucherie, j'ai failli mourir », ou encore : « J'ai bien cru que tu étais mort, tu es sorti tout bleu, tu n'étais vraiment pas beau à voir »… De tels propos délétères sont malheureusement fréquents, et pèsent sur le devenir et l'épanouissement de l'enfant.

Le début de la vie est bien entendu fondateur, certains facteurs sont donc à explorer :

– y a-t-il eu séparation précoce après la naissance : couveuse, hospitalisation, absence de la mère ?
– l'accueil du bébé : l'allaitement, le maternage ;
– le choix des prénoms ;
– les projections faites au-dessus du berceau ;

– les conditions de vie des parents, tant affectives que socio-économiques ;
– l'état dépressif de la mère qui vient d'accoucher ;
– l'entourage familial (conflits, deuils, etc.) ;
– le mode de garde de l'enfant : continu ou discontinu, vécu comme positif ou non, etc.
Il en va de même pour l'existence humaine.

Selon moi, l'étude du bilan Fondations de vie devrait être une base de travail pour toute psychothérapie. Elle apparaît primordiale lorsqu'il s'agit de troubles du sommeil puisque, comme nous l'avons compris, les angoisses d'abandon et de mort s'instaurent très couramment au cours de la période pré et postnatale. J'invite donc le lecteur à se pencher sur cette période de sa vie et le cas échéant à repérer les éléments signifiants faisant écho à sa propre trajectoire.

Questionnaire
du bilan Fondations de vie

Ce questionnaire porte sur le bilan Fondations de vie dans sa globalité, les questions concernant plus directement d'éventuelles causes de troubles du sommeil étant signalées par une ou deux croix, selon leur impact.

Ma mère : noms, prénoms, date de naissance, date de décès.

Mon père : noms, prénoms, date de naissance, date de décès.

Frères, sœurs : noms, prénoms, dates de naissance, dates de décès.

Période autour de ma conception

Ma mère, mon père avant ma conception :

– leur couple : bonne/mauvaise entente ? Vivent-ils ensemble, séparés ?
– leurs enfants : combien ? sexe ? âge ?
– leurs familles : contexte familial maternel et paternel ;
– leurs conditions de vie : type de logement, zone urbaine ou zone rurale, région, etc. ;
– **X** leur métier : situation professionnelle positive ou difficile, etc. ;
– leur situation économique : aisance ou précarité ;
– leurs projets : le couple était-il porteur de projets ?
– leurs réussites ;
– **X** leurs difficultés : chômage, maladie, deuils, etc. ;

Suis-je un enfant désiré ?

Il convient de pondérer cette information. Comme j'aime à le dire, « si tous les enfants avaient été vraiment consciemment désirés, nous serions beaucoup moins nombreux sur terre ». Il s'agit donc d'établir une distinction entre un « heureux accident » et une « catastrophe » :

– par ma mère ?
– par mon père ?
– par le couple ?
– suis-je un enfant « précieux » (difficulté à me concevoir, j'ai été très attendu) ?
– ai-je été conçu par PMA (procréation médicalement assistée), FIV, don de sperme, etc. ?
– **XX** ai-je été conçu dans un but précis : percevoir les allocations familiales, combler un vide à la suite d'un deuil, enfant médicament (par exemple : don de moelle), etc. ?
– **XX** suis-je un enfant de remplacement, venant après le décès d'un autre enfant ?

Période de la grossesse

Pendant ma gestation :

– Le couple parental pendant cette période : harmonie ou conflits ? ensemble ou séparés ? etc.
– Comment allait ma mère (difficultés, dépression, problèmes de santé, soucis, isolement, sentiment d'être délaissée, bonheur, épanouissement) ?
– Comment allait mon père (*idem*) ?
– Comment allaient ma fratrie et ma famille proche (*idem*) ?
– **XX** Y a-t-il eu un décès (d'un proche) pendant cette période ?
– **XX** Ma mère a-t-elle rencontré des problèmes de santé liés à la grossesse (diabète, hypertension) ? Si oui, cela a-t-il généré de l'inquiétude ?
– **X** Y a-t-il eu des signes renvoyant à une MAP (menace d'accouchement prématuré), saignements, contractions excessives, ouverture du col… ?

– **X** Ma mère a-t-elle été hospitalisée ? Ou encore, a-t-elle dû rester alitée de peur de me perdre ?
– **X** Comment ma mère a-t-elle vécu sa grossesse ? Tient-elle des propos positifs en l'évoquant ou se plaint-elle de douleurs et de troubles divers ?
– **XX** Y a-t-il eu un diagnostic anténatal contradictoire (par exemple suspicion de trisomie ou de malformation, toxoplasmose, etc.), qui a ensuite été annulé une fois vérifié que je me portais bien ? Quel a été l'impact de cette erreur de diagnostic ?
– **X** Difficultés particulières pendant ma gestation ?
– Joies et succès pendant ma gestation ?
– Autres…

Ma naissance :
– S'agit-il d'une naissance programmée ? Déclenchée ? Pour quelle raison ?
– Présentation en siège ?
– S'agit-il d'une césarienne ?
– A-t-elle été programmée ? Pour quelle raison ?
– A-t-elle été décidée au cours du travail ? Si oui, pour quelle raison ?
– Le travail a-t-il été normal ? Ou très long et difficile ?
– Ma mère a-t-elle été anesthésiée (anesthésie générale ou péridurale) ?
– Suis-je né(e) facilement ?
– **X** Y a-t-il eu souffrance fœtale ?
– **XX** Y a-t-il eu risque vital pour ma mère ou pour moi ?
– A-t-on eu recours à des forceps ? À des ventouses ?
– Mon père à ma naissance (présent ou absent, heureux ou perplexe, etc.) ?

Après ma naissance :
– **X** Suis-je resté(e) en contact avec ma mère ou en ai-je été séparé(e) ?
– Si j'ai été séparé(e) de ma mère, pendant combien de

temps ? Pourquoi ? Y avait-il un risque vital pour elle ou pour moi ?
– **XX** Problèmes de santé de ma mère à la suite de l'accouchement ?
– **X** Dépression post-partum ?
– **X** Préoccupations relatives à ma santé (malformation, perte de poids, etc.) ?
– Qu'est-ce qui se dit à propos de ma naissance ?
– Qui a choisi mes prénoms ? Pourquoi ?

Allaitement :
– Ma mère voulait-elle m'allaiter ?
– Si oui, comment s'est passé l'allaitement ? Facilement ? Difficilement (pas assez de lait, crevasses, etc.) ?

Fille ou garçon ?
– Mes parents connaissaient-ils mon sexe ?
– Ont-ils été déçus ?
– Ont-ils fini par m'accepter ? Ou ai-je le sentiment de ne pas avoir comblé leur attente d'une fille ou d'un garçon ?

Mes deux premières années de vie :
– Comment s'est passé le retour à la maison ?
– **XX** Ma mère a-t-elle fait une dépression post-partum ?
– **X** S'est-elle sentie soutenue par mon père ? Par son entourage (mère, sœurs, amies, etc.) ?
– **X** A-t-elle dû se débrouiller toute seule ? Sentiment d'isolement ?
– **X** Est-ce que je pleurais beaucoup ?
– **X** Comment était mon sommeil ?
– **X** Troubles somatiques ?
– **X** Troubles alimentaires ?
– **XX** Deuils de proches ?

Autres :
– Conditions matérielles de vie de ma famille (logement, travail, finances, etc.) ?

– Couple parental après ma naissance (harmonieux ou conflictuel) ?
– **X** Ma mère s'est-elle sentie en sécurité ou a-t-elle eu le sentiment d'être délaissée par mon père ?
– Mon père a-t-il eu le sentiment d'être mis de côté ?
– **X** Ma mère a-t-elle dû reprendre le travail trop tôt ?
– Comment s'est passé mon sevrage ?
– Quel a été mon mode de garde ?
– **XX** Ai-je dû brutalement changer de mode de garde (problèmes avec la (ou les) assistante(s) maternelle(s), etc.) ? Dans ce cas, comment ai-je réagi ?
– **X** Comment me suis-je adapté(e) à la crèche ou chez l'assistante maternelle ?
– Ai-je été hospitalisé(e) ? Pourquoi ? Dans ce cas, ai-je été séparé(e) de ma mère ?
– **XX** Faits marquants entre 6 et 12 mois, séparation, maladies, deuils, épreuves diverses ?

Bonnes et mauvaises fées sur le berceau :

– Quelles ont été les réactions de la famille à ma naissance ?

Comme dans les contes de fées, il est courant que des prédictions, des projections, soient formulées autour d'un berceau. Une naissance bouleverse (en général positivement) une famille et génère des projections inconscientes exprimées lorsque l'enfant paraît. Si ces projections sont positives, il n'y a rien à redire, par exemple : « Il a des mains de pianiste comme mon père, ce sera un virtuose. » D'autres projections sont plus problématiques, par exemple : « C'est le portrait de sa grand-mère », laquelle étant décédée à l'âge de 30 ans et son deuil n'ayant jamais pu se faire[1].

Je laisse au lecteur le soin de compléter ce questionnaire selon les données qu'il collectera auprès de ses parents et de ses proches.

1. *Cf.* « Le syndrome du gisant », p. 137.

Des solutions
pour retrouver le sommeil

L'haptopsychothérapie[1], une révolution tranquille

L'haptopsychothérapie est une thérapie qui favorise l'instauration d'un profond sentiment de sécurité, et permet ainsi l'émergence de représentations enfouies, refoulées, de traces mnésiques refoulées. Elle est inspirée de l'haptonomie, que je vais présenter ci-après. Cette approche, qui est la base de ma pratique depuis près de vingt-cinq ans, apparaît très complémentaire de la psychologie transgénérationnelle. En effet, si le génosociogramme permet de comprendre des répétitions transgénérationnelles, notamment en ce qui concerne les deuils non faits et le syndrome du gisant, celles-ci restent parfois seulement intellectuelles, sans que le patient puisse les métaboliser (les « digérer ») et les dépasser, parce qu'un blocage émotionnel persiste au plus profond de son être.

Lorsque le patient constate qu'il est porteur d'un fardeau transgénérationnel – par exemple, lorsqu'il est enfant de substitution après un deuil d'enfant inachevé –, il pourra se délester de ce fardeau grâce à l'haptopsychothérapie et sentir qu'il est bien vivant. Il pourra éprouver au plus profond de son être que sa vie lui appartient pleinement. La notion de corporalité animée, évoquée ci-dessus – c'est-à-dire l'âme, l'esprit dans le corps –, illustre ce que le patient ressent après qu'il s'est dégagé d'un fardeau

1. D'après Catherine Dolto-Tolitch, *L'haptonomie, révolution tranquille*, Stock, 1986.

transgénérationnel. Il se sent entier, léger, animé pour vivre sa propre vie. Avant d'en dire plus, je vais vous présenter la base de cette méthode : l'haptonomie.

L'HAPTOPSYCHOTHÉRAPIE

Elle est une forme [...] de thérapie qui vise pour la personne à établir, restaurer ou développer sa santé affective. Elle s'adresse aux personnes en souffrance psychique ou présentant un malaise existentiel. Elle leur offre la possibilité de mobiliser elles-mêmes leurs ressources liées au désir et au plaisir de vivre. La relation affectivo-confirmante, qui fonde le support psychothérapeutique, instaure un vécu de sécurité. La personne accède peu à peu à l'autonomie de sa relation affective et développe ses capacités de discernement et ses forces vitales[2].

> Qu'est-ce que l'haptonomie ?

L'haptonomie est arrivée en France au début des années 1980. Elle a été créée aux Pays-Bas par Frans Veldman, dans les années 1950. Il la définit comme étant la « science de l'affectivité ». Cette approche concerne toutes les sphères de la vie humaine, de la conception à la fin de la vie, même si elle est plus connue du grand public autour de la périnatalité. Elle a divers champs d'application, tels que l'haptonomie périnatale (voir encadré qui suit), l'hapto-obstétrique, l'haptopsychothérapie ou encore l'haptosynésie (relative au mouvement, notamment pour les personnes handicapées), et elle est largement dispensée dans les soins palliatifs.

Penchons-nous tout d'abord sur l'étymologie de ce mot. Sa racine grecque « *haptein* » signifie toucher, contacter, la sensation dans le contact, la sensibilité, la sensitivité,

2. Brochure CIRDH, http://www.haptonomie.org/fr/, p. 9.

L'HAPTONOMIE PÉRINATALE

Elle permet aux deux parents et notamment au père d'instaurer un lien affectif avec le bébé *in utero*. Quelle belle expérience que de rencontrer son bébé bien avant sa naissance ! Une première séance d'haptonomie périnatale est toujours pour moi « la première séance », celle où des futurs parents deviennent parents, et tissent dès le quatrième mois de grossesse des liens affectifs à trois. Voilà, cela fait vingt-cinq ans que j'ai le bonheur de pratiquer l'haptonomie et j'ai l'impression que c'était hier, le temps passe vite quand on s'étonne et s'émerveille encore.

le sentiment ». Et « *nomos* » signifie « la règle ». Il s'agit donc d'un toucher que l'on qualifiera de contact affectif, communicatif, sensible et sécurisant. Tout être humain peut développer ses facultés haptiques (relatives à l'haptonomie) et l'accompagnement haptonomique consiste entre autres à ce que le patient puisse épanouir ses capacités enfouies et si essentielles : il passera ainsi d'un vécu corporel de défense à un corps de contact. Ce corps de contact permet de se sentir présent dans sa globalité, sans séparer le corps de l'esprit, et d'être ouvert à l'autre et au monde.

Cette qualité de présence, qualifiée de psychotactile, active le système limbique et notamment l'amygdale du cerveau dont nous avons vu le rôle essentiel dans le stress ou la sécurité de base (p. 32). En effet, l'haptonomie favorise l'instauration et le ressenti de la sécurité de base. Or, comme nous l'avons vu dans le chapitre sur l'attachement, si un être humain n'a pas pu ressentir un attachement sécure, il passera sa vie à être sur la défensive. On comprend pourquoi certains patients qui ne dormaient pas parce qu'ils étaient insécures (angoisse d'abandon) peuvent enfin recouvrer le sommeil lorsqu'ils sont en sécurité.

L'haptonomie favorise l'instauration et le ressenti de la sécurité de base.

Tout ce que l'on peut écrire ou dire sur l'haptonomie reste abstrait tant qu'on n'en a pas fait l'expérience. Cette science humaine, aux confins des neurosciences, vise, selon Frans Veldman, à redécouvrir l'humain ; elle est basée sur une approche phénoménologique de facultés humaines à ressentir et à être présent, celles-ci étant en grande partie enfouies par une société hyperrationnelle dans laquelle l'affectivité, les émotions et le ressenti – et tout particulièrement le sens du toucher – ont été relégués. Par conséquent, à partir de phénomènes et d'expériences reproductibles et vérifiables d'une personne à l'autre, il est possible de déployer une certaine qualité de présence psychotactile ; des effets immédiats sont constatés, sur les neurotransmetteurs, le tonus musculaire, par la régulation des fuseaux neuromusculaires et des muscles lisses et striés. J'ai déjà présenté l'haptonomie périnatale dans mon ouvrage *Les Fondations de l'être*[3]. Je présenterai plutôt dans celui-ci l'haptopsychothérapie, qui est au cœur de mon approche thérapeutique, puisqu'elle permet de dépasser des stress et/ou des traumatismes.

> Pourquoi j'ai choisi l'haptonomie ?

Jeune psychologue, je me destinais à devenir psychanalyste. Au bout de six années de cure psychanalytique, j'ai de plus en plus ressenti que j'étais dans une impasse, que l'expression de mon affectivité profonde, de mon vécu archaïque de bébé (d'aucuns diront « de mon enfant intérieur »), ne pouvait pas être accueillie dans cette thérapie

3. Éditions Quintessence, 2008.

verbale dénuée de contact physique. À cette même période, je travaillais à l'Aide sociale à l'enfance (ASE), en Seine-Saint-Denis, au placement familial. Là aussi j'ai été confrontée aux limites de la thérapie verbale.

Lorsque je rencontrais un enfant qui, d'une manière ou d'une autre, était abandonné, avait vécu des situations traumatisantes, ou dont les parents étaient en grande difficulté, je ne pouvais que constater que le seul fait d'en parler pour que l'enfant comprenne pourquoi il était placé ne suffisait pas toujours à diminuer sa souffrance, sa croyance de ne pas avoir de valeur puisqu'il avait été abandonné et placé en famille d'accueil. Un jour, un petit garçon de 8 ans m'a dit : « Tu sais, l'ASE c'est une grande poubelle où on met les enfants dont on ne veut pas. » Imaginez le sentiment d'impuissance que de tels propos peuvent susciter chez une jeune psychologue, qui se sent bien désarmée face à tant de détresse.

J'ai très vite compris qu'il fallait trouver une thérapie émotionnelle permettant à ces enfants de se délester de ce sentiment de n'être rien, une thérapie qui les amène à se sentir entiers et bien vivants malgré leurs traumatismes précoces et leur vécu abandonnique. J'ai aussi réalisé que cette quête me concernait personnellement, qu'elle me permettrait probablement de sortir de l'impasse dans laquelle j'avais l'impression de stagner sur le divan de mon analyste.

Il fallait trouver une thérapie émotionnelle permettant à ces enfants de se délester de ce sentiment de n'être rien, une thérapie qui les amène à se sentir entiers et bien vivants malgré leurs traumatismes précoces et leur vécu abandonnique.

J'habitais alors Paris, et au début des années 1980 les ateliers, conférences et stages en tous genres sur les thérapies psychocorporelles foisonnaient. Ainsi, pendant deux ans, j'ai pratiquement tout essayé : la bioénergie, la gestalt, la somatoanalyse, et j'en passe. Après chaque conférence, chaque atelier, je me disais que ce n'était pas ça, qu'il manquait quelque chose d'essentiel, et je ne savais pas quoi. Évidemment, c'est quand on lâche prise et qu'on n'attend pas grand-chose d'un événement que les situations peuvent se débloquer. Ainsi, je suis allée à une conférence du psychiatre et psychanalyste Bernard This sur « la sécurité de base du nouveau-né » sans attente particulière. Parce que je savais qu'il travaillait avec Françoise Dolto, je m'attendais donc à une conférence sur la psychanalyse des bébés. Et quel fut mon étonnement, voire mon émerveillement, lorsque je l'ai entendu et surtout vu présenter l'haptonomie, science de l'affectivité. Il racontait entre autres sa première rencontre avec Frans Veldman, le fondateur de cette discipline, et disait avec son humour et sa bonhomie : « Vingt-cinq ans de psychanalyse et j'étais toujours chatouilleux ! »

L'haptonomie est déconcertante de simplicité, elle renvoie à l'essentiel qui vit en nous, elle déploie des facultés enfouies.

Ce que j'ai vu, ce que j'ai perçu au cours de cette conférence animée par des expériences d'haptonomie, m'a rejouie au plus profond de mon être. J'ai su que j'avais enfin trouvé ce que je cherchais. Nous avons ensuite dîné avec Bernard This et les organisateurs de la conférence, et il m'a donné les coordonnées du CIRDH (Centre international de recherche et de développement de l'haptonomie[4]), où Frans Veldman dispensait ses formations, et j'ai envoyé ma lettre de candidature dès le lendemain. C'était en mai 1985.

Depuis près de trente ans je ne cesse de m'étonner et de m'émerveiller. L'haptonomie est déconcertante de simplicité, elle renvoie à l'essentiel qui vit en nous, elle

4. http://www.haptonomie.org/fr/

déploie des facultés enfouies. Cette redécouverte de notre capacité à être présents est une véritable révolution tranquille. Il est difficile de décrire l'haptonomie par des mots, puisqu'elle est basée sur des phénomènes reproductibles, mais dont il faut faire l'expérience pour savoir, au plus profond de son être, ce dont il s'agit.

J'ai eu la chance de me former à l'haptonomie périnatale et à l'haptopsychothérapie (thérapie basée sur le contact haptonomique). Ces deux formations ont duré en tout un peu plus de cinq ans; que de chemin parcouru pendant ces cinq années! En parallèle, j'ai moi-même entrepris une haptopsychothérapie. En quelques mois je me suis sentie consolidée, en sécurité, et j'ai eu le sentiment d'être sortie de l'impasse dans laquelle je me trouvais à la fin de ma psychanalyse, et de m'ouvrir à ma propre vie.

En ce qui concerne les enfants du placement familial (dans le cadre de l'ASE), les premiers patients que j'ai suivis avec l'haptopsychothérapie, j'ai vraiment constaté qu'ils pouvaient enfin cicatriser leurs traumatismes et développer un sentiment de sécurité de base. Il s'agissait d'une résilience émotionnelle émergeant du plus profond de leur être. Quant aux patients que j'accompagne aujourd'hui, je dirai qu'il m'arrive encore de m'étonner lorsque je constate qu'en quelques séances ils deviennent enfin ce qu'ils sont vraiment, pour reprendre l'aphorisme de Nietzsche. L'haptonomie permet d'être en contact avec son moi émotionnel profond, de se sentir confirmé affectivement et de cicatriser les carences et traumatismes.

Les récentes découvertes dans les neurosciences soutiennent que le cerveau est dans tout le corps (puisque l'on trouve des neurones dans tout le corps). La mémoire affective vit aussi dans tout notre être. Les recherches sur le « deuxième cerveau » et les neurones dans l'intestin[5]

5. L. Berthelot et J. Warnet, *Les Secrets de l'intestin, filtre de notre corps*, Albin Michel, 2011.

confirment ce que les Orientaux savent depuis des millénaires : le « ventre » est au cœur de notre être. L'haptonomie considère qu'il est le « cercle d'affectivité ». Même s'il est qualifié de deuxième cerveau, des connexions neuronales s'opèrent dans tout le corps. Il ne s'agit pas de pensée rationnelle dans laquelle prévaut le néocortex, mais de ressenti et de représentations affectives émergeant de l'être dans sa globalité et relayées par le cerveau limbique (cerveau jouant un rôle important dans les émotions, le traitement de la mémoire et les comportements).

> L'haptonomie permet d'être en contact avec son moi émotionnel profond, de se sentir confirmé affectivement et de cicatriser les carences et traumatismes.

Frans Veldman précisait que l'haptonomie n'était pas une thérapie corporelle, car il n'y a pas de dichotomie entre psyché et soma, l'être humain peut être appréhendé dans sa globalité, et ressentir son affectivité dans tout son être. J'ai intitulé mon mémoire de fin de formation à l'haptopsychothérapie « L'haptonomie, ou la mémoire rencontrée », et c'est effectivement le cas, par le contact psychotactile une thérapie haptonomique permet que la mémoire affective du patient soit rencontrée et que des représentations, souvenirs refoulés émergent. Contrairement à la cure analytique, c'est le ressenti qui amène aux représentations et à la verbalisation, et non pas le verbal qui amène à l'émotion.

> L'haptopsychothérapie

Cette approche, peu connue du grand public, est tout aussi primordiale et riche d'expériences. Si la plupart des approches psychothérapeutiques favorisent l'émergence de représentations et prises de conscience corticales, celles-ci ne peuvent s'intégrer à l'affectivité et au devenir du patient. Le contact haptonomique permet au patient de ressentir son affectivité profonde, son self. Qu'il s'agisse du bébé *in utero* ou de l'enfant intérieur blotti chez l'adulte, il s'agit toujours de cette affectivité première. Le contact haptonomique, psychotactile, favorise l'instauration d'un profond sentiment de sécurité, il permet l'émergence de représentations enfouies, refoulées, des « engrammes », traces mnésiques refoulées.

L'haptopsychothérapie, une « mémoire rencontrée ».

Ce contact sécurisant, ressenti comme étant un bon contenant, permet que des engrammes, parfois très traumatiques, soient libérés en toute sécurité sans que cela risque de menacer l'équilibre du patient ou soit vécu comme une effraction déstructurante. En effet, le thérapeute ne provoque rien, il accueille ce qui émerge à la conscience. C'est pourquoi j'ai qualifié l'haptopsychothérapie de « mémoire rencontrée ».

D'autre part, avec l'haptopsychothérapie, le patient peut sentir au fond de son être le meilleur de ce qu'il est, une perception globale de son être, que nous qualifions de corporalité animée, ainsi qu'un sentiment de sécurité de base.

> Déroulement d'une séance d'haptopsychothérapie

Les trois premières séances d'haptopsychothérapie permettent au patient de découvrir l'haptonomie et surtout ses propres facultés à la pratiquer :

– d'une part parce qu'il est essentiel qu'il réalise que lui-même en dispose, et pour passer d'un corps de défense à une corporalité animée et ouverte sur le monde ;

– d'autre part pour démystifier l'approche de l'haptopsychothérapeute : celui-ci n'est surtout pas doté de dons paranormaux, mais de dons normaux, que tout être humain peut déployer.

Dans une société où les prises de pouvoir sont constantes, il est important que le patient ne se sente pas dépendant de son thérapeute. Or, s'il ne découvrait pas ses propres facultés haptiques, il aurait tendance à croire que l'haptopsychothérapeute – qui, par le contact psychotactile, change d'emblée son ressenti émotionnel et corporel – possède des dons surnaturels. Comme je le dis toujours, ces dons sont tout simplement naturels.

Les trois premières séances sont dites « d'exploration », de découverte[6].

La première séance porte sur la vulnérabilité ; le thérapeute chatouille ou pince le patient, lequel réalise qu'il reste vulnérable, même s'il veut avec sa volonté changer cet état. Il découvre ensuite qu'en ressentant, en étant présent à l'autre et au monde, il n'est plus chatouilleux ou douloureux. Son tonus neuromusculaire est modifié, une profonde détente s'instaure. Il réalise également que le thérapeute peut aussi instaurer en lui cette détente, ce sentiment de sécurité, par le contact psychotactile.

Les deux autres séances sont consacrées à approfondir l'expérience haptonomique.

Par ce constat sécurisant, l'haptopsychothérapie offre un contexte accueillant pour l'émergence de représentations et d'engrammes refoulés. Elle permet aussi que la personne puisse se sentir affectivement confirmée, qu'elle puisse sentir le bon en elle, comme tout être humain, et notamment tout enfant, attend de l'être.

Il s'agit d'une approche subtile, avant tout basée sur le ressenti et l'expérience. Si vous souhaitez en savoir

6. Comme je l'ai déjà mentionné, il arrive qu'une seule séance suffise pour faire disparaître certains troubles du sommeil.

plus sur son extrême richesse et le processus à l'œuvre, je vous conseille de vous reporter aux ouvrages référencés en bibliographie (p. 225).

Audrey ou la peur bleue

Cette jeune fille de 21 ans, douce et souriante, ne dort pas (dit-elle) depuis près de trois ans. Nous verrons par la suite qu'elle n'a jamais vraiment bien dormi.

Audrey est le fruit d'une union qui fut dans un premier temps passionnelle. Sa mère n'avait que 20 ans lorsqu'elle découvrit qu'elle était enceinte de l'homme qu'elle aimait par-dessus tout, mais qu'elle ne connaissait que depuis trois mois. Le père d'Audrey, qui avait alors 30 ans, était fou de joie (il avait déjà deux filles qu'il ne voyait plus à cause, disait-il, de la mère de ses enfants). Mais dès que la grossesse devint visible, vers le cinquième mois, il changea brusquement, devint irascible et de plus en plus violent. La gestation d'Audrey se déroula alors sous les coups, les peurs, les cris et les larmes.

Sa mère déclencha alors une hypertension susceptible de générer à moyen terme une grave pathologie rénale. Elle vécut un enfer et fit de son mieux pour protéger le bébé qu'elle portait. Après la naissance d'Audrey, alors qu'elle n'était encore qu'un bébé, la violence de son père fut décuplée : « Tous les soirs il recommençait, dès que je l'entendais rentrer je tremblais pour ma mère et moi, il nous frappait, nous injuriait, c'était horrible. La nuit, il recommençait, et je me réveillais souvent, j'avais peur pour ma mère, j'avais peur qu'elle meure. [...] Moi aussi il me frappait, mais je tenais le coup, j'avais surtout peur pour ma mère qui était malade. [...] Une fois sa crise passée, il était tout gentil avec moi, ce n'était plus le même, un véritable cas de docteur Jekyll et mister Hyde. »

Sa mère eut enfin le courage de quitter ce mari violent lorsque Audrey avait 7 ans. « J'ai eu l'impression de renaître, la vie était si simple sans l'angoisse, les cris, les coups. Après son départ, la vie commençait enfin. » La période qui suivit le divorce fut une période heureuse, même si la pathologie rénale de sa mère s'était aggravée, et qu'elle attendait une greffe. « Je ne dormais pas très bien, je faisais souvent des cauchemars, mais ma mère pouvait enfin me rassurer, et je me rendormais dans ses bras. Heureusement que ma mère m'a toujours apaisée, rassurée. »

La violence de son père ayant été reconnue, Audrey ne le voyait qu'un dimanche sur deux, dans l'après-midi. C'est alors qu'il l'a enlevée, elle est restée loin de sa mère pendant un mois, jusqu'à ce que les gendarmes la retrouvent. Dès lors, elle n'a jamais revu son père. « J'avais toujours peur qu'il revienne, qu'il fasse du mal à ma mère ou qu'il m'enlève, et bien sûr je faisais beaucoup de cauchemars, puis au fil du temps j'ai mieux dormi, même si je n'ai jamais vraiment dormi sans me réveiller dans la nuit, mais je me réveillais, et réalisais que nous étions enfin en sécurité. »

Sa mère a enfin pu recevoir une greffe du rein, et elle s'est remariée avec un homme bienveillant. « Quand ma mère n'a plus été en dialyse et qu'elle a enfin pu recevoir une greffe, j'ai vraiment été soulagée. Dès lors notre vie de famille, avec le fils de mon beau-père, a enfin été chaleureuse et sécurisante, ce fut une belle période, même si je ne dormais que d'un œil et que je me réveillais au moindre bruit, j'étais sur le qui-vive. » Audrey n'a pas revu son père pendant dix ans, jusqu'au jour où, alors qu'elle avait 18 ans, il est venu sonner à leur porte. C'est elle qui lui a ouvert : « Cette fois, je lui ai tenu tête et lui ai dit de partir en lui fermant la porte au nez. Je savais qu'il n'avait plus le droit de me prendre et je ne voulais plus le revoir. » C'est à ce moment de la séance qu'Audrey réalise qu'elle ne dort plus depuis ce jour où son père a refait irruption dans sa vie. Même si elle a réagi en faisant preuve de sang-froid lorsqu'il a frappé à sa porte, le stress inconscient a généré de l'insomnie. Audrey n'avait pas fait le lien entre l'irruption intempestive de son père dans sa vie et le déclenchement de son insomnie. En le comprenant, elle s'effondre en larmes : « C'est donc ça, je n'ai pas réalisé, j'ai tellement appris à prendre sur moi ! C'est vrai, j'ai eu très peur lorsque j'ai ouvert la porte, peur que tout recommence, peur qu'il m'enlève, qu'il fasse du mal à ma mère, PEUR DE LUI ! »

La thérapie d'Audrey fut très simple. Cette jeune fille résiliente présentait des dispositions pour cicatriser les traumatismes passés, puisque malgré une gestation insécure, une mère malade, la violence dans sa petite enfance et un enlèvement elle avait continué à se construire vaille que vaille. Sa mère l'avait toujours protégée et c'est sûrement grâce à son amour inconditionnel qu'elle avait pu dépasser ce qui aurait pu l'anéantir.

Au cours de la séance d'haptopsychothérapie qui a suivi, j'ai contacté Audrey et elle a ressenti un profond sentiment de sécurité. Je lui ai alors proposé d'ouvrir son cœur au bébé, à l'enfant intérieur qui vit en elle. J'ai parlé au bébé *in utero* qui avait vécu avec sa mère les cris et les hurlements, en lui expliquant que son père était malade et que s'il faisait du mal à sa maman ce n'était pas pour les détruire, mais parce qu'il était en crise. Que sa maman allait faire face et qu'elle la protégerait.

Puis nous avons rencontré la petite fille en elle, qui s'inquiétait pour sa maman et qui était battue, et fait de même, en lui expliquant ce qui se passait, tout en ressentant un sentiment de sécurité. Ensemble nous avons accueilli la petite Audrey à différents âges, notamment lors de son enlèvement : « J'ai eu très peur de ne jamais revoir ma mère, même si au fond de moi je savais qu'elle me retrouverait, mais j'avais si peur ! » Elle a pleuré et pu enfin évacuer le stress vécu au cours de cette période.

Nous avons continué à revisiter son enfance, et à rassurer la petite fille apeurée qui vivait au fond d'elle. Puis nous avons retrouvé la scène qui avait déclenché son insomnie, lorsqu'elle avait 18 ans. Audrey s'est alors mise à trembler de peur, envahie de nouveau par l'angoisse, mais elle a réalisé que c'étaient toutes ces peurs accumulées, qu'elle avait si bien maîtrisées, qui s'étaient cristallisées lorsqu'elle avait ouvert la porte et s'était retrouvée nez à nez avec son père : « Même si j'ai eu le sang-froid de lui dire de partir et de refermer la porte, tout ce que j'ai vécu a dû remonter, et la cicatrice a dû se rouvrir. Comme je ne suis pas du genre à me plaindre, j'ai pris sur moi, je n'en ai pas parlé, je n'ai pas pleuré, je n'ai pas exprimé ma colère et ma frayeur, et du coup je n'ai plus dormi, pour rester vigilante au cas où il reviendrait. » Nous avons terminé la séance sur cette prise de conscience.

À la séance suivante, c'est une Audrey encore plus souriante et surtout détendue qui est arrivée en disant d'emblée : « Ça y est, je dors comme un bébé, je dors toute la nuit sans me réveiller, je n'ai jamais aussi bien dormi. » Nous avons repris certains éléments dont elle avait encore besoin de parler, et évoqué sa vie à présent, ses projets, sa relation amoureuse, etc. Elle a décidé de revenir six mois plus tard pour faire le point.

Ces séances de thérapie brève, à même de résoudre en une heure des années de troubles du sommeil chroniques, m'étonnent et m'émerveillent. L'être humain est très souple et, pour peu qu'il remanie certains éléments traumatiques, il est à même de cicatriser des blessures profondes.

Annabelle ou un deuil inachevé

Cette artiste peintre de soixante et quelques printemps, pimpante et vive, vient consulter, car, dit-elle, « d'après une de mes amies, je n'arrive pas à faire le deuil de mon mari parce que je n'ai pas fait celui de ma sœur jumelle. C'est un fait, je n'arrive pas à me remettre de la mort de mon mari décédé il y a deux ans dans un accident de voiture. Mais ma jumelle est morte à ma naissance, alors vous imaginez bien que je ne m'en souviens pas ».

Si Annabelle a eu une vie bien remplie, celle-ci fut loin d'être un long fleuve tranquille. Elle avait rencontré tardivement Georges, son mari adoré, et leur histoire était une vraie belle histoire d'amour, dans la complémentarité, la joie et la créativité. Ce mariage tardif avait apporté à Annabelle la félicité à laquelle elle avait aspiré toute sa vie durant. Il faut noter au passage qu'ils étaient nés pratiquement le même jour, à un jour près (même si Georges avait quelques années de plus).

Or, une certaine approche de la psychologie transgénérationnelle, celle de Salomon Sellam (voir p. 137), considère que les partenaires d'un couple dont les dates de naissance sont similaires sont ce qu'on appelle des « jumeaux symboliques ». Lorsque j'évoque cette éventualité, Annabelle acquiesce, en disant que c'est ce que lui a dit son amie, et c'est pour cela qu'elle voudrait approfondir son histoire avec sa jumelle : « En fait ça en fait des deuils à faire, pourtant je suis très active, je vois des amis, je peins, je mène plusieurs projets de front, je suis une vraie pile, remarquez, j'ai toujours été comme ça, seul mon mari pouvait me calmer. »

Annabelle est parvenue à juguler son angoisse de mort en étant hyperactive, ce qui lui a finalement plutôt réussi, puisque son œuvre picturale est reconnue, elle expose dans de prestigieuses galeries et vend bien ses toiles. De plus, elle est entourée d'amis fidèles et de nombreuses relations. Cependant, depuis le décès de son mari, elle avoue que : « Le cœur n'y est plus, je n'aime pas ce que je peins et je me force à préserver une vie sociale. » Son mari lui aussi était un artiste, en plus d'être un inventeur de génie. « Pendant nos quinze ans de mariage, nous avons tout partagé, et notre créativité a été démultipliée, c'est la plus belle partie de mon œuvre, sa seule présence me comblait, je me sentais vivante à ses côtés, vous avez raison, c'était vraiment mon âme sœur, et nous ne nous sommes pratiquement jamais quittés, nous avions tellement besoin l'un de l'autre. » Annabelle a beau essayer de se raisonner, elle ne parvient pas à accepter le décès de son mari, elle n'a plus le dynamisme qu'elle a toujours eu, elle broie du noir et se demande ce qu'elle fait en ce bas monde.

Il semble qu'Annabelle soit restée à la phase du déni, d'ailleurs son adresse e-mail est la synthèse de leurs deux prénoms et le message de son répondeur est resté le même et continue à dire qu'« Annabelle et Georges ne sont pas là et [qu'] ils rappelleront dès que possible ». Annabelle l'admet, son mari est toujours là, presque sur un mode hallucinatoire, et elle n'arrive pas à se faire à l'idée qu'elle ne le reverra jamais plus sur terre. Même si elle sait qu'il ne reviendra pas, elle imagine qu'il pourrait revenir. Elle reconnaît que la perte de sa sœur jumelle à la naissance a probablement instauré un manque abyssal au plus profond d'elle, mais comme elle a toujours été très dynamique elle a su colmater cette faille.

Annabelle est née pendant la Seconde Guerre mondiale, et ses parents se sont surtout consacrés à survivre en se cachant chez des paysans (son père était juif) et, par conséquent, ils ont fait en sorte de mobiliser leur énergie pour survivre, sans vraiment être disponibles pour faire le deuil de la jumelle d'Annabelle. Annabelle m'explique que ses parents ont toujours été très actifs, sportifs, gros travailleurs et qu'ils ne prenaient jamais le temps de se poser. Elle a reproduit ce modèle en étant elle aussi très active. Cependant, elle admet que son œuvre picturale renvoie souvent au double et à la gémellité, il s'agit donc bien d'une sublimation plutôt aboutie, puisqu'elle exprime sa gémellité dans ses œuvres, et signifie que sa jumelle a existé et qu'elle peut la représenter.

La rencontre avec son mari a changé sa vie, elle avait vraiment trouvé l'âme sœur et avait enfin pu se sentir apaisée ; cet homme aimé et jumeau symbolique pouvait enfin colmater le manque indicible de sa sœur jumelle. Ils vécurent quinze années de bonheur et d'harmonie, sa création picturale évolua vers une tonalité de douceur apaisante, contrastant avec les toiles peintes avant leur union. Annabelle ne pouvait pas faire le deuil de Georges sans avoir fait au préalable celui de sa sœur jumelle. Elle s'impliqua dans ce travail d'élaboration du deuil. L'hapto-psychothérapie permit que le bébé Annabelle vivant au fond d'elle puisse accepter la perte de cette sœur qui avait partagé avec elle la vie intra-utérine, son alter ego, son double. Elle put enfin se sentir pleinement vivante et non plus survivante, sans mobiliser son énergie pour survivre et occulter le sentiment de manque.

Après quelques séances de psychothérapie, Annabelle arriva un jour métamorphosée, apaisée et radieuse. Et à mon grand étonnement elle me dit : « C'est incroyable, je dors, je dors très bien, c'est bien la première fois de ma vie que je dors comme ça ! » Je fus étonnée, car jamais Annabelle n'avait évoqué des problèmes de sommeil. Elle n'était pas venue consulter pour ça ; persuadée que c'était sa nature, elle avait toujours mal dormi depuis sa naissance et considérait cela normal. Aussi le fait de bien dormir l'a-t-il prise au dépourvu, au début elle a pensé que c'était exceptionnel, mais après deux semaines de nuits continues et de sommeil réparateur, elle a réalisé que cela provenait de sa psychothérapie et du travail de deuil qu'elle avait enfin pu faire.

Si le cas d'Annabelle confirme une fois de plus que les deuils inachevés peuvent induire des troubles du sommeil, il permet également de constater qu'il ne s'agit pas d'un effet placebo, puisqu'elle n'attendait aucunement une amélioration de son sommeil, et que j'ignorais qu'elle avait toujours mal dormi. Cette résolution de ses insomnies est donc survenue de surcroît, tout naturellement, puisqu'elle n'était plus en mode « survie » (puisqu'elle avait survécu à sa jumelle) mais pouvait enfin vivre et par conséquent dormir sans angoisse.

Des exercices
à faire soi-même

> Pour se « libérer » de fidélités familiales inconscientes et négatives

Même si l'on est issu d'une famille problématique et en souffrance, il n'en reste pas moins qu'on y est consciemment ou inconsciemment attaché. En effet, même si une famille est toxique (c'est-à-dire qu'elle exerce une influence négative), le besoin d'appartenir à un groupe familial reste essentiel. La famille est censée apporter la sécurité des liens de sang, on se soutient mutuellement parce que l'on fait partie du même groupe familial. On finit par pardonner et renouer, parce que l'on fait partie du même clan ; ce que l'on ne ferait peut-être pas avec des amis. C'est ainsi : même s'ils sont parfois malmenés et distendus, les liens de sang sont indissolubles.

C'est d'ailleurs le paradoxe. La famille, qui devrait être un havre de ressourcement et d'amour inconditionnel (même si des conflits sont inévitables pour que chacun prenne sa place), peut également être la source de souffrances et de traumatismes d'autant plus insupportables qu'ils sont générés par des membres du clan.

Tout comme certains végétaux (charmes, hêtres, géraniums, etc.) et certains animaux (chevaux, moutons, poissons vivant en bancs, oiseaux, etc.), l'être humain a besoin de vivre en groupe pour être en sécurité, prospérer, s'épanouir. Si les interactions sociales peuvent parfois être complexes et difficiles – « l'homme est un loup pour l'homme » –, la famille est censée être un lieu de ressourcement, de confirmation affective et de soutien inconditionnel. Il s'agit donc de prendre le recul nécessaire pour déceler les loyautés invisibles qui nous rattachent à notre famille et nous en affranchir. C'est pour cela que, même si un individu se distancie de son groupe familial, il y reste néanmoins inconsciemment attaché, ce sont les fidélités familiales invisibles. Je dis souvent que certains cordons ombilicaux sont si extensibles qu'ils peuvent faire le tour de la Terre ; et même si un individu choisit de vivre le plus loin possible géographiquement pour échapper à sa famille, il se peut qu'il ne soit pas pour autant exempt de répétitions et de loyautés invisibles. Compte tenu de ce besoin irrépressible d'appartenance à un groupe familial, je vous propose d'accomplir un acte qui peut contribuer à vous « libérer » de fidélités familiales inconscientes et négatives.

Prenez soin de faire ce travail au calme, en étant sûr de ne pas être dérangé par quiconque ou par le téléphone. Installez-vous confortablement dans une pièce où vous vous sentez bien.

→ Placez votre génosociogramme devant vous, afin de bien le contempler.

→ Munissez-vous de feuilles de papier et d'un stylo.

→ Relaxez-vous, respirez tranquillement et, pour ceux qui pratiquent la méditation, méditez quelques minutes.

→ Puis visualisez les liens qui vous rattachent à votre famille, en imaginant des cordes. Ressentez que ces attaches qui vous relient à votre famille peuvent procurer un sentiment d'appartenance sécurisant.

→ Contemplez ensuite votre génosociogramme dans sa globalité.

Ressentez les émotions qui surgissent. Elles peuvent être contrastées : gratitude, malaise, colère, tristesse, joie, admiration, frustration, etc. Différentes émotions peuvent cohabiter, mais surtout continuez à ressentir votre sentiment d'appartenance et la sécurité qu'il procure.

→ Réalisez combien l'appartenance à une famille, quelle qu'elle soit, apporte sérénité, confiance, même si cette famille n'est pas en mesure de vous les apporter, vous vous sentez néanmoins attaché à votre groupe familial.

→ Puis éprouvez combien ces attaches peuvent être des entraves, le malaise que suscite le fait d'être retenu par un groupe familial toxique, pathogène, etc.

→ Prenez alors le papier et le stylo et écrivez les aspects négatifs de ces liens familiaux :

- carence affective ;
- abandon ;
- disparition ;
- maltraitance physique et/ou psychologique ;
- manque de communication ;
- deuils inachevés ;
- inceste ;
- addictions ;
- incarcérations ;
- comportements déviants ;
- maladies psychiatriques ;
- faillites ;
- dilapidation ou spoliation d'héritage.

Le cas échéant, nommez les personnes directement concernées par ces aspects négatifs.

→ Une fois cette liste terminée, procédez de la même manière pour les liens positifs :

- tendresse ;
- protection ;
- amour ;
- réussite ;
- fierté ;

- solidarité ;
- soutien ;
- bienveillance ;
- gentillesse,

tous les mots qui peuvent surgir en contemplant l'arbre qui représente votre famille et vous procurer joie et gratitude.

→ Écrivez une lettre de remerciement à votre famille en signifiant que dorénavant vous ne garderez que les liens positifs, et que vous vous délestez des attaches délétères. Et pour ce qui concerne vos parents, remerciez-les de vous avoir transmis la vie, qui vous appartient pleinement.

→ Brûlez la feuille de papier sur laquelle sont inscrits les aspects négatifs, contemplez cette feuille qui brûle et ressentez que vous vous libérez de ces entraves.

→ Respirez profondément, fermez les yeux et percevez comment vous vous sentez : plus léger... joyeux... ému... chamboulé... Accueillez toutes les sensations et émotions. Prenez le temps de les laisser remonter et s'installer en vous, elles vous appartiennent pleinement, votre vie vous appartient pleinement, et vous en disposez pour vous épanouir, bien vivre, et bien dormir.

La feuille où figurent les attaches positives peut être conservée de différentes manières. Certains en font un tableau illustré qu'ils affichent ; d'autres la garderont à un endroit précis, chargé de sens, par exemple dans un album de photos ; d'autres éprouveront le besoin de l'avoir sur eux, par exemple dans leur portefeuille ou leur sac. À vous de trouver ce que vous avez envie d'en faire. Elle peut, en cas de conflit familial ou de remise en cause de votre vie, vous aider à retrouver vos valeurs familiales positives. Cette feuille est en quelque sorte votre blason familial.

> Contempler le génosociogramme débarrassé de ses parasites

La finalité de l'élaboration du génosociogramme et du travail psychogénéalogique est de débarrasser l'arbre généalogique de ses parasites. On sait qu'un arbre envahi par des parasites croît moins bien, il en va de même pour notre arbre généalogique. L'accumulation des souffrances et des traumatismes transgénérationnels entrave l'épanouissement des lignées. Une fois ce processus achevé, il convient de représenter le génosociogramme après la cicatrisation des blessures transgénérationnelles. Vous pouvez donc faire un génosociogramme délesté des souffrances en marquant les cicatrices (séparations, maladies, abandon, décès, violences, etc.) par une couleur apaisante de votre choix. Affichez cet arbre généalogique «traité» et «guéri» et contemplez-le pendant quelques jours, le temps de vous imprégner de cette famille délestée de ses souffrances.

> Les lettres symboliques

Les lettres symboliques sont un outil d'expression et de réparation essentiel. Elles étaient déjà préconisées par Françoise Dolto et ne sont donc pas l'apanage de la psychologie transgénérationnelle.

Lorsqu'il s'agit du deuil d'un proche (deuil horizontal)

Quoi de plus simple qu'une lettre pour exprimer ce que l'on n'a pas pu dire en temps et en heure ? Je propose en général d'écrire une lettre symbolique pour achever un travail de deuil.

En effet, il est courant que quelqu'un ne parvienne pas à achever un deuil parce qu'il n'a pas pu dire ce qu'il avait sur le cœur avant le décès, soit parce que la personne est décédée brusquement, soit parce que l'occasion ne s'est pas présentée, ou encore parce qu'il n'a pas osé parler. Il n'a pas pu « mettre les pendules à l'heure ». Cette expression traduit bien qu'avant de se quitter pour toujours il est nécessaire de pouvoir se dire l'essentiel, tant pour celui qui va mourir que pour son proche.

Les soignants et accompagnants dans les services de soins palliatifs savent combien ces paroles échangées avant le grand voyage peuvent apaiser une personne en fin de vie et ses proches. Il est d'ailleurs courant que même au bout du rouleau elle attende la venue d'un proche et cet échange affectif avec lui avant de pouvoir partir. Ce qui parfois défie les lois de la médecine, cette personne s'accrochant à la vie et trouvant des ressources qui peuvent surprendre l'équipe soignante. Cette survie tient au besoin essentiel de voir un proche avant de mourir et d'exprimer, parfois sans paroles, simplement l'amour, le pardon, et surtout d'entendre l'être cher lui dire des mots exprimant la tendresse, parfois la réconciliation, le pardon, etc., et enfin de pouvoir se dire adieu.

> Les paroles échangées avant le grand voyage peuvent apaiser une personne en fin de vie et ses proches.

Lorsque je propose à un patient d'écrire à une personne décédée, j'ai souvent droit à une mimique sceptique ou à des yeux écarquillés. Pourtant, le fait d'écrire noir sur blanc ce qu'on a sur le cœur se révèle très efficace, le verbe et l'écrit sont symboliques et le psychisme est informé que l'information a enfin pu être délivrée puisqu'elle est déposée, écrite noir sur blanc. Et si la personne accepte d'écrire cette lettre, elle est souvent surprise par ce qu'elle a pu exprimer en quelques lignes, par l'impact émotionnel que cette feuille de papier remplie de signes peut avoir sur son psychisme.

Bien entendu, ce n'est pas d'une lettre formelle qu'il est ici question. Il s'agit d'écrire avec son cœur, sans réfléchir, de laisser courir le stylo sur la feuille sans jugement ni contrôle. Il est possible d'écrire tout et son contraire. Ces lettres sont parfois surprenantes mais toujours sensibles et touchantes. Il arrive souvent que la personne endeuillée pleure beaucoup en l'écrivant. Ce sont parfois des pleurs qui avaient été retenus au moment du décès et ces larmes qui jaillissent du fond de l'être sont libératrices.

Je constate que souvent la lettre est conclue par un « au revoir », comme s'il persistait une attente inconsciente de revoir le cher disparu. J'indique alors que ce n'est pas un au revoir, mais vraiment un « adieu ». Écrire « ADIEU » signifie bel et bien qu'on ne reverra jamais plus la personne, et que (si l'on est croyant) on la reverra À Dieu.

Parfois on a du mal à écrire le mot « adieu » à la fin de la lettre, car il renvoie à une perte irréversible. L'enjeu du travail de deuil est effectivement de réaliser et d'accepter que le défunt soit perdu à jamais (du moins dans la vie terrestre). Il faudra parfois prendre le temps pour accepter d'écrire « adieu ». Prenez le temps, c'est le temps nécessaire, c'est le temps de deuil.

En effet, cette lettre amorce souvent le processus de deuil qui était bloqué, et la personne qui ne s'est pas remise de la mort d'un proche peut enfin vivre les différentes étapes du deuil et accepter le décès.

La lettre peut être lue à certains membres de votre famille, ou à haute voix devant la photo du défunt, etc. Vous pourrez ensuite la brûler et enterrer les cendres dans la jardinière de la tombe (s'il y a une tombe), en prenant soin (par exemple) d'y planter une belle plante, signifiant que la vie continue. Pourquoi la brûler et non la déchirer? Parce que la puissance symbolique du feu est plus forte, que rien ne renaîtra des cendres.

Libre à vous de trouver d'autres symboles de gratitude et de transmission de la vie.

Soyez créatifs, faites confiance à votre ressenti pour réaliser cet acte symbolique.

Si vous ne pouvez pas vous rendre au cimetière, ou s'il n'y a pas de sépulture, vous pourrez disperser les cendres dans la mer ou dans une rivière, en pensant à l'être cher et en lui disant adieu ; je préconise de déposer une fleur, comme on le fait à un enterrement. En cas d'incinération et si l'urne n'est pas dans une case au funérarium, pourquoi ne pas disperser les cendres de la lettre à l'endroit où l'urne ou les cendres ont été déposées.

> Lorsqu'il s'agit d'un deuil transgénérationnel

Lorsqu'il s'agit de deuils transgénérationnels ou « deuils verticaux », pour reprendre la terminologie de Salomon Sellam (voir « Le syndrome du gisant », p. 137), c'est-à-dire de deuils inachevés parce qu'inadmissibles et restés en souffrance (les fameuses « patates chaudes » transmises de génération en génération), il conviendra aussi d'écrire une lettre d'adieu au défunt ; si vous possédez des données biographiques vous pourrez les mentionner dans la lettre. Si vous disposez d'une photo de cette personne morte trop tôt, il est souhaitable d'écrire cette lettre en regardant sa photo. Il peut sembler saugrenu d'écrire une lettre à une personne (parfois à un bébé) qu'on n'a pas connue, cet acte symbolique n'en est pas moins un moyen très efficace de refermer ce « dossier familial actif » qui est susceptible de peser sur des membres du clan. J'ai pu maintes fois constater que le fait d'écrire une lettre à un aïeul défunt prématurément soulage d'emblée la personne qui porte la mémoire de ce deuil inachevé, ainsi que d'autres membres de la famille. Là aussi il s'agit de dire « adieu » à la personne disparue et qu'elle puisse reposer en paix. Les cendres de la lettre seront, comme pour les deuils horizontaux, enterrées ou dispersées, selon qu'il y a ou non une sépulture.

> Célébrations religieuses

Qu'il s'agisse d'un deuil actuel ou d'un deuil transgénérationnel, les pratiquants d'une religion pourront faire dire une messe (ou toute autre célébration religieuse) pour l'âme du défunt, comme on le fait pour un rituel d'enterrement. Cela permettra de parachever le deuil, la dimension symbolique des rituels religieux permettant d'accepter que la personne soit partie pour toujours et d'honorer sa mémoire.

> Les actes symboliques

Un symbole est une image, un mot, un objet représentant par analogie ou association une entité, un état, un sentiment ou un concept. Par exemple, la colombe représente la paix. L'interprétation des rêves consiste à analyser des contenus symboliques renvoyant à leur signification psychique. La pratique des actes symboliques est aussi ancienne que l'humanité, elle est toujours actuelle dans la plupart des cultures. Par exemple, dans la religion catholique, lors de l'eucharistie, l'hostie symbolise le corps du Christ et, pour le catholique pratiquant qui communie, elle EST le corps du Christ.

Les actes symboliques permettent de dialoguer avec l'inconscient.

Les actes symboliques sont un des langages qui nous permettent de dialoguer avec l'inconscient et de nous réconcilier avec une partie de notre être, ils permettent d'établir un pont entre un événement passé et une situation présente. Le symbole est donc un langage ; symboliser c'est transférer sur un objet un sens particulier qui nous est propre par rapport à un désir. La création d'un acte symbolique est bien entendu très subjective, elle peut être proposée par le thérapeute, ou être élaborée par le consultant.

EXEMPLES D'ACTES SYMBOLIQUES

→ Une de mes patientes avait été séparée de sa mère à la naissance. Celle-ci avait failli mourir après l'accouchement et avait dû rester en soins intensifs pendant un mois. Cette patiente a choisi deux figurines incarnant sa mère et elle bébé. Elle les a placées dans un lit douillet, le bébé en sécurité dans les bras de sa mère. Ces deux figurines sont restées sur sa table de nuit pendant un mois, temps de la séparation postnatale de la mère et de l'enfant. Cet acte symbolique est donc une réparation pour ce bébé privé de sa mère, et qui a tellement eu peur qu'elle meure. Par la suite, cette patiente n'a plus eu besoin de ces figurines, puisqu'elle avait le sentiment de se sentir « réparée ».

→ D'autres actes porteront directement sur le génosociogramme. Il sera parfois brûlé et enterré sous un olivier, pour que la paix puisse enfin régner dans une famille conflictuelle, etc. On pourra aussi verser ses cendres dans une rivière, afin que l'honneur de la victime et de la famille soit lavé, notamment en cas d'inceste, d'abus sexuels, etc.

Les actes symboliques sont infinis, ils doivent seulement faire sens pour ceux qui les accomplissent. Si c'est le cas, ils contribueront à réparer les souffrances subies au fil des générations et à délester les membres de la lignée des fardeaux transgénérationnels.

> À propos du deuil

Le travail de deuil est de plus en plus difficile à faire dans notre société. Les thérapeutes sont souvent confrontés à des patients qui n'ont pas pu faire le deuil d'un être cher, ou qui subissent les conséquences d'un deuil inachevé dans leur famille. Cette difficulté provient de différents facteurs :
– notre société occidentale a tendance à dénier la vieillesse et la mort, et à l'éloigner (maisons de retraite, fin de vie à l'hôpital...). Lorsque auparavant une personne mourait chez elle, sa famille la veillait et restait avec elle ; la mort faisait partie de la vie ;
– aujourd'hui, tout ce qui renvoie au vieillissement et donc à la mort a tendance à être banni de nos représentations. Nous sommes à l'ère de l'anti-âge, nous devons être jeunes, minces et beaux jusqu'à 90 ans... ;
– les pratiques religieuses étant de moins en moins observées, les rituels de deuil prévus par les religions sont de moins en moins respectés.

Le travail de deuil est de plus en plus difficile à faire dans notre société.

Je vois très couramment des patients qui souffrent des conséquences d'un décès survenu de nombreuses années auparavant mais qui n'ont pas pu franchir les étapes du deuil.

D'autres personnes consultent parce qu'elles ne vont pas bien, se sentent tristes, se retiennent de pleurer, ont du mal à travailler, ou parce qu'elles viennent de perdre par exemple leur père. Elles ne comprennent pas que leur état est tout à fait normal, et que ce qui ne l'est pas, c'est de se retenir de pleurer, de ne pas parler du défunt en famille en se réconfortant mutuellement. Elles consultent un psy, car elles ont l'impression de ne pas être assez fortes pour surmonter cette épreuve. Or, plutôt que surmonter cette épreuve, il s'agit de la traverser en s'autorisant à vivre les différentes phases du deuil, et surtout en s'autorisant à être tristes et à demander le soutien de leur entourage, en acceptant de ne pas être aussi performantes que d'habitude à leur travail ou dans la gestion de l'intendance. Elles n'ont donc pas besoin de consulter un psy, puisque ce qu'elles vivent est normal. Ce qui n'est pas normal, c'est de faire comme si tout allait bien, en bloquant par là même le processus de deuil.

On considère qu'un deuil devient pathologique (c'est-à-dire que l'état dépressif, la souffrance restent actifs) au bout de six mois, c'est du moins ce que j'ai appris sur les bancs de l'université. En fait il faut bien un an pour commencer à accepter la perte du défunt, et dans bien des cas plusieurs années, pour que cette perte soit intégrée et que la présence affective du défunt dans le cœur soit un réconfort.

Le travail de deuil requiert une certaine disponibilité psychique et du temps.

L'incapacité à faire un deuil provient, comme je l'ai dit, notamment de la perte de pratiques de deuil symboliques, notamment religieuses. La pratique d'une religion quelle qu'elle soit ritualise le travail de deuil, car toutes les religions structurent la fin de la vie et les rites funéraires afin que le défunt soit accompagné et que ses proches puissent lui dire adieu. De nos jours, il est courant qu'une simple crémation, avec une très brève cérémonie laïque, soit le seul rituel funéraire. En ce qui concerne les coutumes laïques, il est même de plus en plus rare que l'on mange ensemble après un enterrement ; ces repas d'enterrement étaient pourtant une phase nécessaire pour se retrouver, parler du défunt, rire et pleurer ensemble. Cette limitation des rituels funéraires empêche les proches de prendre le temps d'être réunis, de pleurer ensemble, d'être entourés dans leur chagrin par la famille et les amis. Car il va de soi qu'un deuil se fait en famille.

Auparavant, si nous prenons l'exemple de la religion catholique, on considérait qu'un deuil durait un an (cette durée d'un an se retrouve également dans le judaïsme). Pendant les six premiers mois, les proches devaient être vêtus de noir, puis de couleurs sombres (mi-deuil, gris, mauve) pendant les six autres. Les hommes portaient un bandeau noir sur leur veste, ce qui signifiait qu'ils étaient en deuil. Ces signes extérieurs permettaient que l'on considère la personne endeuillée avec un certain respect, et qu'on la laisse tranquille. Actuellement, après les deux ou trois jours accordés par l'employeur pour l'enterrement, il faut faire comme si rien ne s'était passé, reprendre son rythme de travail et de distractions sans ralentir. Or un deuil demande de ralentir, il requiert du temps. Notons d'ailleurs que, pendant cette année, les distractions étaient bannies, pas question de faire la fête ou d'aller au spectacle. Même si ces interdictions étaient quelque peu contraignantes, elles permettaient néanmoins de rester en famille et de prendre le temps de faire le deuil. Au bout d'un an, une messe anniversaire marquait la fin du temps du deuil.

Il va de soi que je ne prône aucunement quelque pratique religieuse que ce soit. Je signale simplement qu'il est important de prendre conscience qu'un travail de deuil requiert une certaine disponibilité psychique et du temps ; il requiert aussi d'être, dans la mesure du possible, entouré de ses proches, puisqu'un deuil se fait en famille, ce qui est de moins en moins possible dans nos sociétés où la famille est disséminée dans toute la France, voire dans le monde entier.

D'autre part, les crémations peuvent elles aussi poser problème du fait que la famille se retrouve seule à décider de ce qu'elle va faire des cendres. Dans certains cas, le devenir de ces cendres sera ritualisé et pensé ensemble, soit parce que le défunt avait exprimé une demande particulière, soit parce que sa famille saura trouver du sens en les disséminant dans un endroit précis, chargé de sens. Soit encore parce qu'elle choisira de déposer l'urne dans le caveau de famille, ou dans une case du funérarium. Par contre, dans d'autres cas, il arrive qu'un proche garde l'urne à son domicile, voire sur sa table de chevet (comme je l'ai vu avec un mari éploré), et dans ce cas le deuil est difficile, voire impossible à faire. Comme le dit l'adage, « les morts avec les morts, les vivants avec les vivants » ; or dans ce cas il n'y a pas de séparation psychique entre les vivants et le défunt.

Dans d'autres cas encore, certains membres de la famille prennent possession de l'urne et dispersent les cendres dans un endroit qu'ils tiennent secret, de ce fait il est impossible aux autres membres d'aller se recueillir à cet endroit, ce qui peut générer une réelle souffrance.

Les rituels sont essentiels.

Enfin, il me semble qu'une plaque sur laquelle sont gravés les noms, prénoms et dates de naissance et de décès du défunt permet de laisser une trace de son passage sur terre et de réaliser qu'il est vraiment mort. C'est à cela que servent les tombes. Se recueillir et savoir que le défunt repose en paix.

Si de nos jours les rituels de deuil peuvent être très diversifiés, ils restent essentiels. D'aucuns liront des poèmes en dispersant les cendres, d'autres chanteront du Brassens en insérant dans le caveau de famille l'urne funéraire d'un grand-père qui connaissait son répertoire par cœur... Il est primordial que la cérémonie d'adieu au défunt soit ritualisée, si elle n'est pas religieuse. Il est également essentiel qu'il reste un endroit où l'on puisse se recueillir pour honorer sa mémoire, lui parler, un endroit où sa mémoire reste vivante.

Conclusion

Nous voici arrivés au terme de cet ouvrage. Nous avons cheminé à travers les dédales d'histoires familiales, de deuils inachevés et les prémices de la vie d'êtres humains. Comme nous l'avons vu, un dénominateur commun réunit ces aspects de la vie humaine, lorsqu'il s'agit de troubles du sommeil : c'est l'angoisse de mort et/ou l'angoisse d'abandon, étroitement imbriquées dans la psyché humaine.

Le poète a toujours raison et Homère, voici plus de deux millénaires, avait déjà résumé en un vers les fondements théoriques de ce livre :

« Le sommeil est le frère jumeau de la mort. »

Bien dormir équivaut à distinguer ces frères jumeaux, qui bien qu'ils se ressemblent sont si différents. C'est précisément l'objet de ma démarche, distinguer le sommeil de la mort, en comprenant en quoi l'angoisse de mort entrave le sommeil. Car le sommeil est essentiel à la vie et bien dormir, c'est bien vivre. Quoi de plus merveilleux que de reposer dans les bras de Morphée et dormir du sommeil du juste ? Quoi de plus merveilleux que de se réveiller après une bonne nuit de sommeil réparateur, en pleine forme, en ayant envie (en vie) de commencer une belle journée, pleine d'idées, d'initiatives, de réalisations, de rencontres, d'interactions, d'occasions de s'ouvrir à la vie ?

Puisse le lecteur concerné parcourir les dédales de son histoire et y déjouer la confusion entre ces frères jumeaux.

Je vous souhaite de dormir paisiblement.

Bibliographie

Abraham N., Torok M., « Symboles, cryptes et fantômes », *Le Coq-Héron*, N° 186, Érès, 9 novembre 2006.

Ancelin Schützenberger A., *Aïe, mes aïeux !* Desclée de Brouwer, 1995.

Ancelin Schützenberger A. (2007), Psychogénéalogie. *Guérir les blessures familiales et se retrouver soi*, Payot, 2012.

Ancelin Schützenberger A., *Sortir du deuil. Surmonter son chagrin et réapprendre à vivre*, Payot, « Petite Bibliothèque Payot », 2008.

Ancelin Schützenberger A., *Exercices pratiques de psychogénéalogie*, Payot, « Petite Bibliothèque Payot », 2013.

Bowlby J., *Attachement et perte 1. L'attachement*, Puf, « Le Fil rouge », 2002 ; *Attachement et perte 2. La séparation, angoisse et colère*, Puf, « Le Fil rouge », 2007 ; *Attachement et perte 3. La perte, tristesse et dépression*, Puf, « Le Fil rouge », 2002.

Castillo P. (del), *La Symbolique des prénoms en psychogénéalogie*, Éditions Quintessence, 2003 ; *Le Grand Livre de la psychogénéalogie*, Éditions Quintessence, 2006.

Crabbé J.-M., *Sommeil et rêves. Psychique et physiologique, les deux faces de notre vie*, Ellébore, 2003.

Cyrulnik B., *Les Nourritures affectives*, Odile Jacob, 2000.

Cyrulnik B., *De chair et d'âme*, Odile Jacob, 2006.

Cyrulnik B., *Sous le signe du lien*, Fayard, « Pluriel », 2010.

Dolto F., *Parler de la mort*, Mercure de France, 1998.

Even P., Debré B., *Guide des 4 000 médicaments utiles, inutiles ou dangereux*, Le Cherche Midi, 2012.

Field T., *Les Bienfaits du toucher*, Payot, 2001.

Freud M., *Se réconcilier avec le sommeil*, Albin Michel, 2013.

Freud S., *L'Interprétation des rêves*, Puf, 1900.

Freud S., « Le roman familial des névrosés », *Névrose, psychose et perversion*, Puf, 1909.

Freud S., « Deuil et mélancolie », *Métapsychologie*, Gallimard, 1917.

Freud S. (1914), *Essais de psychanalyse*, Payot, 2001.

Klein M., Rivière J., *L'Amour et la Haine*, Payot, 1982.

Klein M., *La Psychanalyse des enfants*, Puf, 2004.

Maston M.-N., *Psychogénéalogie, relation à l'argent et réussite*, Éditions Quintessence, 2006.

Maston M.-N., *Les Fondations de l'être*, Éditions Quintessence, 2008.

Montagu A., *La Peau et le Toucher. Un premier langage*, Le Seuil, 1979.

Royant-Parola S., *Les Mécanismes du sommeil*, Le Pommier, 2013.

Sellam S., *Le Syndrome du gisant, un subtil enfant de remplacement*, Bérangel, 2003.

Sellam S., *Le Gisant II. Vie bloquée ! Deuil bloqué ?* Bérangel, 2010.

Spitz R., *De la naissance à la parole*, Puf, 2002.

Van Eersel P., Maillard C., *J'ai mal à mes ancêtres. La psychogénéalogie aujourd'hui*, Albin Michel, 2002.

Veldman F., *Haptonomie. Science de l'affectivité*, Puf, 2001.

Winnicott D. W., *Processus de maturation chez l'enfant*, International University Press, 1965.

Winnicott D. W., « Rôle de miroir de la mère et de la famille dans le développement de l'enfant », *Jeu et réalité*, Gallimard, 1971.

Winnicott D. W., *L'Enfant et le Monde extérieur*, Payot, 1975.

Winnicott D. W., *Jeu et réalité*, Gallimard, 2002.

REVUES

Science et vie, « Les mystères du sommeil », hors-série N° 262, 8 mars 2013.

The Journal of Neuroscience, University of Atlanta, 9 décembre 2013, B. G. Dias et K. J. Ressler.

Médecine et hygiène, J.-L. Valatix, 1988.

Sites internet pour recherches généalogiques

www.france-genealogie.fr

www.geneaguide.com

www.guide-genealogie.com

www.geneanet.org

www.familysearch.org

Remerciements

Je tiens à remercier mon amie Anne Dusquesne, pour sa précieuse collaboration et sa patience lors de l'élaboration de cet ouvrage.

Je tiens aussi à remercier Caroline Signol, des éditions Albin Michel, pour son minutieux travail de relecture, son accompagnement et sa perspicacité.

Je remercie également mes proches, famille et amis qui m'ont soutenue lorsque j'écrivais ce livre.

Enfin, merci aux patients qui m'ont tant appris.

Table des matières

Introduction 9
Comment tout a commencé 13

À la découverte du sommeil 23

Les stades du sommeil 27
Le sommeil lent très léger de stade 1 27
Le sommeil lent léger de stade 2 27
Le sommeil lent profond de stade 3 28
Le sommeil lent profond de stade 4 28
Le sommeil paradoxal de stade 5 28
Le sommeil, protecteur du cerveau 31
Le cerveau des émotions 31

Les troubles du sommeil 35

Les terreurs nocturnes 39
Comment réagir lorsque votre enfant fait une terreur nocturne ? 40
Les cauchemars 42
Les insomnies 43
Les insomnies transitoires 43
Les insomnies chroniques 44
Les insomnies matinales 44
L'insomnie d'endormissement 44
L'insomnie totale 45
Les hypersomnies 47
L'hypersomnie psychogène 47
Les troubles du sommeil chez l'enfant 49
L'angoisse de séparation 50
Que faire pour diminuer l'angoisse de séparation ? 53
La peur du noir 57
Bien préparer l'endormissement de l'enfant 60
Les troubles du sommeil chez l'adolescent 63
La révolution de l'adolescence 63

Le manque de sommeil 66
Un travail d'équipe 67
Les troubles du sommeil chez la personne âgée 69
Les causes d'insomnie chez la personne âgée 70
Questionnaire d'auto-évaluation des troubles du sommeil 75

Ce que nous apprend la psychanalyse 79

Le traumatisme de la naissance 83
L'angoisse de mort 87
L'angoisse de séparation 89
De la naissance au sixième mois 89
Après le sixième mois 90
Sommeil et pulsion de mort 95
La théorie de l'attachement 97
La sécurité de base 99

Ce que nous apprend la psychologie transgénérationnelle 119

Le poids du passé : les deuils non faits 121
Le syndrome d'anniversaire 122
Les étapes incontournables du deuil 125
Le choc et la sidération 125
Le déni 126
La colère, la révolte 126
Le marchandage 127
La dépression et la peur 127
L'acceptation 128
Le syndrome du gisant 137
La thématique du fantôme et de la crypte 137
Il était une fois, à la basilique de Saint-Denis 141
Enfant de remplacement et gisant 143
Symptômes et attitudes du « gisant » 147
Comment déceler un gisant ? 155
Les prénoms 155
Les dates de conception et de naissance 156
Comment étudier les dates ? 156

Comment s'opère la transmission d'une génération à une autre ? Les réponses de l'épigénétique 159
La transmission chez les animaux 159
La transmission chez les humains 160

Des outils pour analyser vos troubles du sommeil 163

Le génosociogramme 167
Qu'est-ce que le génosociogramme ? 167
Comment le construire ? 168
Les éléments à connaître 169
Méditer sur son génosociogramme 174
Le bilan « Fondations de vie » 177
Le contexte de la conception 178
La grossesse 179
La naissance 181
Questionnaire du bilan Fondations de vie 183

Des solutions pour retrouver le sommeil 189

Une méthode révolutionnaire, l'haptopsychothérapie 191
Qu'est-ce que l'haptonomie ? 192
Pourquoi j'ai choisi l'haptonomie ? 194
L'haptopsychothérapie 198
Déroulement d'une séance d'haptopsychothérapie 199
Des exercices à faire soi-même 209
Pour se « libérer » de fidélités familiales inconscientes et négatives 209
Contempler le génosociogramme débarrassé de ses parasites 213
Les lettres symboliques 213
Lorsqu'il s'agit d'un deuil transgénérationnel 216
Célébrations religieuses 217
Les actes symboliques 217
À propos du deuil 219

Conclusion 223
Bibliographie 225
Sites internet pour recherches généalogiques 227
Remerciements 229

Direction éditoriale : Laure Paoli

Illustrations : Hélène Lafaix
Composition : IGS-CP à L'Isle-d'Espagnac (16)
Impression : Normandie Roto Impression S.A.S en août 2014

Éditions Albin Michel
22, rue Huyghens, 75014 Paris
www.albin-michel.fr

ISBN : 978-2-226-25713-0
N° d'édition : 21190/01 – N° d'impression : 1402913
Dépôt légal : septembre 2014

Imprimé en France